a remettre en place.

LE
PARFUMEUR
FRANCOIS,

QUI ENSEIGNE TOUTES
les manieres de tirer les Odeurs
des Fleurs;& à faire toutes sortes
de compositions de Parfums.

*Avec le secret de purger le Tabac en
poudre ; & le parfumer de toutes sortes
d'Odeurs.*

Pour le divertissement de la Noblesse,
l'utilité des personnes Religieuses &
necessaire aux Baigneurs & Perruquiers.

Par le Sr BARBE *Parfumeur*

A LYON,
se vend, A PARIS,
Chez MICHEL BRUNET,
la Salle neuve du Palais au d'Auphin.
ET
Chez l'Autheur ruë des Gravilliers , à la
Toison d'Or.

M. DC. XCIII.
AVEC PERMISSION.

A

MONSEIGNEUR

MONSEIGNEUR

LE PRINCE

D'HARCOURT.

*M*ONSEIGNEVR,

Il n'est rien de si naturel que
de se chercher un Patron, c'est ce
qui me fait prendre la liberté d'of-
frir à VOSTRE ALTESSE

ã iij

EPITRE.

ce petit Ouvrage & le mettre sous
son illustre protection: I'espere qu'on
improuvera d'autant moins mon
dessein que les Princes étant l'Ima-
ge la plus visible de la divinité,
ie n'en pourrois trouver un à qui ie
peus presenter ce Traité des Parfums,
qu'à celuy dont l'éclatant merite,
si generalement connu, en a pour
ainsi parler parfumé toutes les
Cours de l'Europe.

Pour ne rien dire qui ne convienne à VOSTRE ALTESSE
ie passeray tant d'illustres Ayeux
dont vous décendés pour renfermer
dans vôtre seule personne cette gloire que s'est toûiours acquise la Mai-
son de Lorraine, à laquelle nos Rois
& toutes les Maisons Souveraines
de l'Europe se sont souvent alliés:
Ie n'emprunteray rien d'un grand
nombre de Princes d'une singuliere
vertu & d'une generosité extraor-

EPITRE.

dinaire qui ont rendu tant de ser-
vices importans à la France : &
sans aller chercher dans les Vau-
demonts, Mercœurs, Guises, Ioyeu-
ses, Chevreuses, Mayennes, Au-
males, Armagnacs, & l'Ille-
Bonne, ie trouveray en vôtre seul'le
Personne ce que tant de grands
hommes, qui en sont sortis & à qui
vous appartenés par le droit de nature, ont mérité par leur valeur
& par leur sagesse.

C'est cette derniere vertu, qui
obligea nôtre Incomparable Monar-
que à vous choisir, MONSEI-
GNEUR, pour conduire en Espagne Marie Loüise d'Orleans au
Roy son Epoux : Toute l'estime de
LOUIS LE GRAND parut
dans la confiance qu'il vous fit de
la personne de cette grande Prin-
cesse ; & la sagesse que fit paroî-

EPITRE.

tre le Roy dans la préference de VOSTRE ALTESSE, fut la recompenfe de la vôtre.

Si vôtre fage conduite dans cette rencontre vous a attiré l'admiration d'un chacun, vôtre valeur MONSEIGNEUR, n'a pas été d'une moindre odeur dans le monde. On a admiré la generofité de VOSTRE ALTESSE dans les attaques de Negrepont, lors qu'on a craint pour fa perte aprés la dangereufe bleffure que vous y receûtes, cette intrepidité dans les périls me fait reffouvenir d'un grand Prince de vôtre Nom & de vôtre Sang, c'eft le fameux Heros HENRY de Lorraine Comte d'Harcourt dont la memoire fera toûjours chere à la France : vous l'avez égalé que dis-ie, dans un âge moins avancé vous l'avez furpaffé, & il ne faut

EPITRE.

pas être instruit de l'Histoire de nôtre temps pour être à sçavoir de qu'elle utilité vous fustes aux Venitiens lors que vous commandiez leurs Troupes à Corinthe.

Toutes ces choses, MONSEI-GNEUR, que la Renommée a pris soin de répandre dans l'Univers sont autant de Parfums qu'elle a épanchez à vôtre honneur, & comme c'est la premiere Parfumeuse, i'ay crû devoir l'imiter en vous dédiant le Traité que i'ai fait de tout ce qui peut contribuër à la satisfaction des personnes de qualité, soit par les Parfums, Essences, Pastilles, soit aussi par toutes les autres bonnes Odeurs dont ie donne les compositions. l'augure favorablement pour mon petit Ouvrage, & le succez en sera tres-heureux, si VOSTRE ALTESSE, dai-

EPITRE.

gne le recevoir & agréer que ie
faſſe ſentir à tous le monde qu'il y
a pour le moins autant d'honneur
que de plaiſir à être ſous vôtre
appuy. Ie ſuis avec un tres profond
reſpect.

MONSEIGNEUR,

De VOSTRE ALTESSE,

Le tres-humble, tres-
obéiſſant, & tres-
obligé Serviteur,
S. BARBE.

AU LECTEUR.

L'Origine des Parfums n'est pas moins ancienne que la creation du monde : Toute la terre formoit alors un jardin délicieux qui exhaloit des odeurs tres - suaves. L'art qui ne détruit jamais la nature mais qui la perfectionne, a ramassé dans la suite des temps ce que cette bonne Mere avoit mis en differens endroits pour faire des compositions qui joignisent par un agreable mélange ce qu'elle avoit parsemé diversement. Les regles qu'on a

dreſſées aprés differentes ob-
ſervations n'ont ſervy qu'a
donner à l'Art ſon dernier
luſtre, & l'experience qui en
a été le fondement la rendu
preſque infaillible & en a aſſu-
ré des moyens d'autant plus
faciles, qu'ils ſont plus prati-
quables.

C'eſt à la faveur de ſes regles que j'ay appriſes ſous les
plus habiles Maîtres & que j'ay
miſes en uſage pendant un tres-
longs-temps, que j'ay recueilly
les ſecrets dont je faits aujour-
d'huy un preſent au public.
J'avouë que le deſſein de luy
être utile à prévalu à pluſieurs
conſiderations qui auroient pû
me les faire celer ainſi que
font Meſſieurs les Parfu-
meurs, & je les abandonne
d'autant plus volontiers qu'ou-

tre que je contribueray à la
gloire de Dieu par les Parfums
que les personnes religieuses
composeront pour leurs Egli-
ses & aux occupations qu'elles
se donneront par des Chape-
lets & Medailles de senteurs,
j'auray aussi la satisfaction de
contribuër au plaisir de plusieurs personnes de qualitez qui
pourront se divertir à composer des Parfums pour leur usage, & pour se delivrer du mauvais air qu'on trouve souvent
malgré soy.

Mon intention n'est pas d'é-
crire pour ceux qui excellent
en l'art dont je traite, je suis
assez persuadé que chaque Maître a ses regles particulieres &
que par diverses methodes ils
vont tous à une même fin ;
j'avoüe encore un coup que ce

n'eſt pas pour eux que j'ay fait
les Traitez contenus dans mon
Livre. Aprés un tel aveu je les
prie de ne pas murmurer contre ma conduite & de n'eſtre
point fâchez de l'avantage que
je procure au public : Qu'ils ſe
ſouviennent s'il leur plaît que
c'eſt le propre du bien de ſe
communiquer avec profuſion,
& que celuy qui fait luire le
Soleil ſur les bons ne prive pas
de ſa lumiere les méchans.

J'ay eſt en vûë Meſſieurs les
Baigneurs & Perruquiers des
villes de Province ou il ne ſe
trouve point de Parfumeurs,
qui ne doivent pas, pour cela,
s'excuſer d'eſtre propre dans
ce qu'ils entreprennent, & qui
en ſuivant exactement ce que
j'écris dans les premiers Traitez ſe pourront fournir de tou-

tes sortes de poudres & essences pour les Cheveux, d'excellentes Savonettes, de lait Virginal, & de toutes autres choses à leur usage.

Les personnes de condition & celles qui ont un honnête loisir rempliront leur temps & se desennuyeront en campagne, lors qu'ils employeront l'abondance des fleurs à en faire des parfums à juste prix. Le beau sexe même à qui la propreté est si naturelle, trouvera icy de quoy contenter son inclination; & il y a même des secrets qu'en executant & les distribuant les pourront maintenir dans la qualité que l'Eglise leur donne de sexe devot.

On pourra m'objecter: si j'ay quelque difficulté, qui pourra me la refoudre : je vous repondray que l'on a qu'à lire mes Avertiffemens. Je ne les ay pas voulu inferer dans la matiere afin qu'on y peut avoir recours, & que cela n'embarraffât pas ceux qui voudront pratiquer mes compofitions.

Au refte ceux qui font verfez dans la Lecture de l'Ecriture Sainte ne de s'approuveront pas mon procedé. Ils fçavent que dans l'Ancien Teftament, il y avoit un Autel qu'on appelloit l'Autel des Thimiame qui êtoit celuy où l'on ne brûloit que des Parfums & fur lequel on ne Sacrifioit que des Odeurs : il eft même expreffement marqué en plufieurs endroits que le Seigneur s'eft plû dans les Odeurs. Les encenfemens qui êtoient fi regulierement

gulierement obfervez & pref-
crits par la Loy en font des
preuves fuffifantes ; & l'on
ignore pas non plus que Salo-
mon ce Roy fi fage & fi éclai-
ré avoit quantité de Filles qui
luy compofoient des parfums :
La Reine de Saba le venant
voir luy en fit prefent de plufieurs fortes. Les prefens qui
furent faits au Sauveur par les
trois Rois dans l'hommage qui
luy rendirent furent pour la
plûpart des Parfums ; Magde-
laine ne luy exprima pas fon
amour qu'en épanchant une liqueur prétieufe fur fes pieds :
c'eft ainfi que je fermeray la
bouche à des faux zelez qui
voudront blâmer cet ouvrage.

S'il m'eft permis de paffer de
l'Hiftoire Sainte à celle de nos
jours, le plus grand des Mo-

é

narques qui ait jamais été sur
le Trône s'eſt pleu à voir ſou-
vent le Sieur Martial compo-
ſer dans ſon cabinet les odeurs
qu'il portoit ſur ſa Sacrée perſonne ; Monſieur le Prince
de Condé dont la memoire
ſera toûjours en veneration
à la France faiſoit parfumer devant luy par le Sieur
Charles le Tabac & pluſieurs
choſes de cette nature dont il
ſe ſervoit. Le nom de Poudre
à la Maréchalle n'a été donné
que parce que Madame la Maréchalle d'Aumont ſe divertiſ-
ſoit à la faire. C'eſt ainſi qu'à
l'imitation de ſes illuſtres per-
ſonnes l'on pourra s'occuper
à mettre en pratique ce que
j'ay enfermé dans mes differens Traitez, avec aſſurance
certaine que je leur donne de

réüffir s'il les pratiquent fidel-
lement, puifqu'il n'y a pas un
fecret que je n'aye plufieurs
fois experimenté avec beaucoup de réüffite. Heureux fi je
puis meriter l'approbation des
honnêtes gens.

LES MARCHANDISES
ou Drogues dont on se sert
le plus dans les Parfums,
sont.

L'*Ambre gris.*
L'Ambre noir.
Le Musc pur.
Les vessies de Musc.
La Civette d'Hollande.
La Civette d'Angleterre.
Le Benjoin commun.
Le Benjoin beau & bon.
Le Benjoin le plus beau.
Le Storax liquide.
Le Storax sec.
Le Baume du Perou.
Le Calamus.
Le Souchet.
La Canelle.
Le Gerofle.
Les Muscades.
L'Iris.
La Corianse.

Le Labdanum.
Le Macanet.
L'Amidon.
Le Bois de sendal Citrain.
Le Bois de Rozes.
Le Bois de Calambour.
Le Bois de sainte Lucie.
L'Esprit de Vin.
L'Essence de Gerofle.
L'Essence de Canelle du Havre.
L'Essence de Canelle d'Hollande.
L'Huile de Ben.
L'Huile d'Amande douce.
L'Huile d'Olive.
La Gomme Arabic.
La Gomme Adragant.
Le Cachou.
Le Sucre blanc.
La Cire blanche.
Le Corail.
Le Sirop de Griottes.
L'Orcanet.
Le Savon de Genne.

Toutes les Marchandises ou Drogues cy-dessus nommées se trouvent
chez les Espiciers, parce que se sont
presque toutes Marchandises Etran-
geres.

Les paquets de Savonettes communes de Bolognes dont on peut avoir
besoin se vendent à Lyon chez le
Sieur Orlandy au milieu de la ruë
Longue au Soleil Levant ; Et à Paris
chez le Sieur Girault au cul de sac der-
riere S. Germain de l'Auxerrois.

Les Fleurs dont l'on se sert dans les
Parfums, sont.

*L**Es Rozes communes.*
Les Rozes musquées.
Les Rozes de provin.
Les Iacintes.
Les Violettes.
Les Ionquilles.
Les Narcisses.
Les Fleurs d'Orange.
Les Fleurs de Iassemin.
Les Tubereuses.
Les Cacies.

REMARQUES SUR LES

Principales Marchandifes cy-
devant nommées, pour con-
noître fi elles font bonnes
ou non.

De l'Ambre.

COmme l'Ambre eft une Marchan-
dife de peu de montre & qui cou-
te beaucoup, il eft bon pour les perfonnes qui en voudront achepter d'en
avoir la connoiffance ; ce qui eft bien
aifé en remarquant que lors que l'Ambre eft éventé, ou qu'il a quelque méchante qualité on le connoît en ce qu'il
eft rempli de petites piquures blanches :
c'eft ce qu'on appelle renardé, il faut
auffi prendre garde qu'il n'ait pas quelque odeur qui ne convienne pas à fa
qualité ; on peut l'éprouver en faifant
chaufer un éguille & le piquer ; il fera
aifé de fentir fi l'odeur de fa fumée en

fera agreable, il n'y a guére d'autres
accidens à éviter à l'Ambre noir.

Plufieurs ont traité de l'Ambre jo
ne pretends pas Icy faire une differta-
tion, mais j'affure aprés plufieurs bons
Autheurs que l'Ambre fe forme fur la
Mer, & que c'eft une efpece d'écume
qui eft pouffée par les flots fur le riva-
ge & qui s'endurcit dans la fuite,

Du Mufc & veffies de Mufc.

AFin que l'on ait plus de facilité
à connoître le Mufc je diray dans
le deffein de fatisfaire à la curiofité de
plufieurs, d'où l'on tient qu'il provient. Le Mufc eft un Animal qui fe
trouve dans les païs chauds, & que les
chaffeurs laffent à la courfe afin de le
prendre en vie, & lors qu'ils l'ont at-
trapé ils le piquent à tous les endroits
du corps avec une éguille pointuë &
envenimée par le bout, le venin du fer
empêche que le fang de l'Animal ne
forte, mais au contraire à chaque pi-
qure il fe fait une poche de fang : &
afin

afin que le fang ne retourne pas dans
le corps, ils fendent le ventre de l'A-
nimal du quel ils tirent les plus menus
boyaux avec lefquels ils lient toutes
les poches de fang qu'il a autour du
corps, ils le mettent enfuite feicher au
Soleil, de forte que le fang fe caille &
fe feiche, & puis ils coupent toutes fes
poches de fang : c'eft ce qu'on appelle
veffies de Mufc, & le veritable Mufc
eft le fang qui eft dedans, qui eft caillé
& feiché comme j'ay dit. Les veffies fe
font toutes les poches qui renferment
le fang & non pas les rognons de l'A-
nimal, ny les rognons des Fouïnes
comme plufieurs croyent : car les rognons des Fouïnes ne font propres à
rien ils ont bien quelque petite odeur
mais fort foible & inutile dans les parfums. A l'égard du Mufc pour être
bon il fe doit rompre aifément avec
les doigts comme du fang fec qui pourtant n'a pas de dureté, car lors qu'il fe
trouve trop dur & trop fec c'eft une
marque qu'il eft trop vieil & par con-
fequent qu'il a perdu fa bonne qualité
& n'eft plus propre à rien.

i

Pour le conserver il faut le serrer dans une boîte de plomb, parce que le plomb le tient frais & qu'il y ait boîte sur boîte afin qu'il ne s'évante pas.

De la Civette.

AYant dit ce que j'ay remarqué sur l'Ambre, & le Musc, le Lecteur ne sera pas fâché si je luy fait connoître d'où procede la Civette, en donnant en même temps les remarques que l'on peut observer pour connoître si elle est bonne ; la Civette est un Animal qui ressemble à une Fouïne, elle est un peu plus grosse, elle paroît estre fort triste de son naturel, on la tient enfermée dans une cage de fer, & les personnes qui gouvernent ses animaux sçavent connoître le tems qu'il faut prendre pour les faire suër, en mettant plusieurs rechauds pleins de feu au tour de leurs cages, cela aide au naturel de l'Animal, & comme la suëur en est fort épaisse on ramasse avec un couteau d'Ivoire toute la fûeur qui fe trouve fous fes effailles ou entre fes cuiffes, c'eft ce que nous appellons la Civette, & lors qu'elle eft nouvelle elle eft blanche, elle n'eft pas encore en état d'être employée, & lors qu'elle eft trop vieille, elle eft toute brune, elle n'eft pas bonne non plus, mais il faut qu'elle foit d'un jaune doré & d'une tres-forte odeur qui foit pourtant agreable, & fur tout qu'elle ne file pas, car il y auroit danger qu'elle ne fut mêlée de miel. Pour la bien conferver il faut la mettre dans un pot de verre, & mettre le pot de verre dans une boîte de plomb garnie de cotton.

Du Benjoin.

LE Benjoin commun eft ordinairement fort brun, pour le meilleur c'eft celuy qui eft perlé, plein de groffes larmes blanches, clair, luifant, l'odeur bien forte & bien net, il reffemble à des amandes qui feroient confites dans du miel, on tient qu'il vient d'Arabie & qu'il fe trouve dans la

montagne où croît l'Encens, il se dur-
cit & se forme en pierre comme nous
le voyons, c'est ce que les Anciens
appelloient la Mirrhe.

DU STORAX.

IL n'est pas difficile de connoître si
le Storax liquide est bon puis qu'il
ne peut être autrement, quant au Storax sec il ne faut choisir le plus sec
que lors qu'on en a besoin pour mettre en poudre, hors de cela le plus
tendre est le meilleur, car quand il est
nouveau il se romp comme du pain
d'épice, c'est lors que son odeur est
meilleure, il vient aussi d'Arabie, &
c'est une gomme qui provient d'un
arbre : l'odeur en est fort bonne particulierement dans les compositions
propre à brûlers.

DU BAUME DU PEROU.

LE Baume du Perou se connoît
à la force de l'odeur. Il faut pour
être bon qu'elle soit forte & agreable,

& pour connoître s'il n'est pas falsifié, il faut tremper un brin de paille dans le Baume & l'égouter sur un verre d'eau, si la goute de Baume va au fonds de l'eau sans rien laisser dessus, il est bon.

Du Macanet.

IL faut casser les grains du Macanet, s'ils se trouvent jaunes c'est une marque qu'il est vieil, car pour être bon & nouveau, le dedans des grains doit être blanc & l'odeur en est beaucoup meilleure.

De l'Esprit de Vin.

POur éprouver si l'esprit de Vin est bon, vous en pouvés mettre plein une cueilliere avec une pincée de poudre à tirer, & y mettre le feu, si la poudre prend feu & enleve l'esprit de vin il est bon.

Vous pouvés encore en mettre dans une cueillere & y mettre le feu, & le laisser brûler à loisir dans un lieu où il n'y ait point d'air, si la cueillere reste moüillée aprés le feu éteint, c'est une marque qu'il n'est pas bon.

De l'Amidon.

L'Amidon du quel on se sert pour faire les poudres à poudrer les cheveux, n'est pas celuy qui sert à faire l'empois : il y a cette difference que celuy pour l'empois est gras, & celuy pour les poudres est extrêmement sec & ainsi tout le plus blanc & le plus sec est le meilleur.

Du Savon de Genne.

COmme dans l'employ du Savon on a besoin du meilleur, il le faut prendre vray Genne, qu'il soit bien ferme & sec, car s'il est humide & qu'on le garde il diminuera tous les jours du poids, & outre cela il ne pourra manquer de sentir l'huile, parce qu'il sera nouveau fait, ce qui feroit un tres mauvais effet pour les Savonettes.

Je ne dis rien du reſtant des drogues ou marchandiſes cy-devant nommées, chacun étant bien capables de connoître ſi elles ont l'odeur bien naturelles du nom qu'elles portent.

AVERTISSEMENTS
sur les principales compositions.

Sur les Poudres à poudrer les Cheveux.

Toutes les Poudres blanches sont faites d'Amidon, qui sort du bled aprés que la farine en est tirée, & il n'y a pas plus d'apprêt à l'Amidon pour la Poudre de haut prix, que pour celle de bas prix. Il ne s'agit que de le piler & le passer bien fin au Tamis : il est seulement necessaire de s'y rendre sujet quand on le parfume aux fleurs, parce que de-là dépend la bonté de la Poudre, & particulierement à celle de fleurs d'O-range & à celle de Rozes communes, parce que si on est plus longs-temps à la remuër qu'il n'est marqué dans son lieu, cette Poudre sera en danger d'estre gâtée, d'autant qu'elle s'é-

chaufera d'une maniere qu'à peine
on y pourra souffrir la main. Les fleurs
seront reduites en fumier, & rendront
l'Amidon tout moüet & en plotte &
sentira le pourry, ce que l'on évitera
si l'on pratique ce que je marque dans
les Articles où j'en traite : cependant
s'il arrivoit qu'elles fussent gâtées,
il y faudroit remedier promptement
de la maniere qui suit. Il faudroit la
remuër par tout défaisant avec les
mains toutes les mottes qui se seroient
faites, & sasser à l'instant toutes les
fleurs & en remettre de fraîches, &
les remuër de trois en trois heures &
elle se racommodera. Il n'y a pas de
danger aux autres fleurs parce qu'elles
ne s'échaufent point, mais il faut toûjours en avoir soin & ny laisser les
fleurs, que le temps qui est marqué
dans leurs Articles. Il faut aussi sçavoir que toutes les fleurs ne sont pas
capables de communiquer leur odeur
à la poudre, & qu'il n'y a que les
fleurs d'Orange, le Jassemin, les
Rozes communes, les Rozes musc-
quées & la Jonquille. Car toutes les
autres fleurs ont l'odeur trop foible,

& quoyque la Tubereuſe ſemble avoir l'odeur aſſez forte , neanmoins ſa qualité ne permet point cela , & en un mot il eſt inutile de s'en ſervir pour les Poudres.

La Poudre de Cipre eſt faite de mouſſe de Chêne , la Poudre de Violette eſt faite de racine d'Iris , & celle de Franchipanne eſt faite moitié poudre de Cipre & moitié Amidon : il faut que ſes ſortes de Poudres ſoient faites l'Eté autrement elles ſont difficiles à faire à cauſe de l'humidité , & il les faut ſerrer dans un lieu ſec. J'avertis que la mouſſe de Chêne de laquelle on fait la Poudre de Cipre, n'eſt pas celle qui croît aux pieds des Arbres , & qui eſt verte , & reſſemble à de la frange , mais c'eſt celle qui croît ſur les branches des vieux Chênes ; elle eſt blanche & faite en feüille.

Sur les Savonettes.

LEs plus excellentes & les meilleures Savonettes étoient autrefois celles de Bolognes , car les Bolonnois

avoient trouvé le fecret de fi bien
préparer & parfumer le Savon, que
perfonne n'avoit jufqu'à lors entre-
pris fur leur maniere, mais ils ont fi
fort negligé de les bien parfumer, &
l'on s'eft fi bien étudié que l'on a trouvé le moyen de faire mieux qu'eux :
De forte que prefentement toutes les
Savonettes que l'on vend pour Bolognes n'en font point, mais elles font
tout auffi bonnes puifque l'on fe fert
du Savon qu'ils apprêtent, & que tout
dépend de la maniere de les parfumer
ainfi que vous le verrez.

A l'égard des autres fortes de Savonettes, tout l'art confifte à bien
préparer le Savon comme je l'enfeigne, car le Savon ayant de foy-même
une affez méchante odeur, il eft befoin de la luy ôter avant que d'y mettre aucun parfum. C'eft l'avis le plus
important fur ce fujet.

Quant aux communes il n'eft pas
neceffaire qu'il foit purgé fi l'on ne
veut, car les effences que l'on y met
pénetrent tout.

Si on les veut marquer de quelque
marque ou cachet, il faut que ce foit

lors qu'elles sont roulées & un peu
rafermies, & si on les veut dorer, il
faut attendre qu'elles soient seiches,
il n'y a pour cet effet qu'à humecter
la marque de la Savonette avec un peu
de cotton imbibé d'eau de senteur,
ensuite poser la Savonette sur la feüille d'or, que vous aurez auparavant
coupée à peu prés de la grandeur de
la marque, & appuyer l'or avec un
peu de cotton sec, & sera fait.

Sur le lait Virginal.

PLusieurs entreprennent tous les
jours de composer du lait Virginal & ont peine d'y bien réüssir : le
plus souvent le deffaut vient de ce
qu'ils y mettent plus de drogues qu'il
n'y faut ; ils croyent que sans litarge
il ne blanchira point l'eau, & c'est un
abus. Observé exactement ce que j'en
dis en son Article, & vous en ferez
qui aura toutes les qualitez qu'il doit
avoir. Je vous donne seulement avis
de le faire l'Eté au Soleil, parce qu'il y
a des gens qui en ont voulu faire l'hi-
ver au Bain-marie qui s'en sont mal

trouvez, car la bouteille venant à caſſer comme il eſt arrivé, le feu ſe prend
à l'eſprit de vin & eſt capable de cau-
ſer du déſordre.

Sur les Eſſences & huiles parfumées
aux fleurs, & les Eſſences
naturelles.

LEs Eſſences de fleurs, dont on ſe
ſert pour les Cheveux, ne ſont
point véritables eſſences, ſe ſont des
huiles auſſi bien que les huiles communes qui ſervent au même effet, &
ſi l'on les nomme eſſences, c'eſt parce
qu'elles ſont faites d'une huile qui
prend parfaitement bien l'odeur des
fleurs, & pour en faire la difference
d'avec l'huile commune. Les huiles
communes ſont l'huile d'Amande douce & l'huile d'Olive que l'on parfume
aux fleurs, & deſquelles on ſe ſert
journellement pour les Perruques.
Mais l'huile que l'on nomme Eſſence
eſt tirée du Ben qui eſt une noizette
à trois quarres, & dont l'Amande
rend une huile ſi belle & ſi douce,
qu'elle ne ſent quoyque ce ſoit : De

ſorte que ne ſentant rien d'elle-même
elle prend parfaitement bien l'odeur
de la fleur que l'on luy donne, même
des fleurs de la plus delicate & plus
foible odeur, & ſi naturellement qu'il
n'y a pas de difference entre l'odeur de
la fleur & celle de l'huile lors qu'on
prend ſoin de la bien travailler. Vous
verrez dans ſon lieu de qu'elle maniere on parfume les unes & les autres.

A l'égard des Eſſences naturelles,
elles ſont véritables Eſſences, puiſqu'elles ſortent de la fleur ou du fruit
du nom qu'elles portent : les Eſſences naturelles ſont, l'Eſſence de Neroly autrement dit, quinteſſence de
fleurs d'Orange, l'Eſſence de Cedra
qu'on nomme de Berga-motte, l'Eſſence de Citron, & l'Eſſence d'Orange
forte ou de petit grain. Celle de Neroly ſe tire ſur l'Eau de fleurs d'Orange, & eſt produite par le fruit qui eſt
dans la fleur ; celle de Cedra eſt produite par les zeſts que l'on tire de l'é-
corce du Citron de Berga-motte, celle
de Citron eſt tirée du Citron diſtilé,
& celle d'Orange des Oranges diſti-

lées. Voilà la difference qu'il y a entre les Essences & les huiles. Les fleurs qui nous peuvent servir dans ce climat à faire des Essences & des huiles pour les Cheveux ou Perruques, sont le Jassemin, la fleur d'Orange, la Tubereuse, la Jonquille, & les Rozes musquées, d'autant qu'elles sont les plus communes & les plus fortes d'Odeurs, car toutes les autres ont l'odeur trop foible. Chacun sçait que c'est la force du Soleil qui donne la force aux fleurs, c'est pourquoy nous ne pouvons pas employer jusqu'aux moindres fleurs comme dans les païs chauds.

Sur les Pommades parfumées aux fleurs.

LEs Pommades en odeur de fleurs ne sont pas propres au visage, elles ne le sont qu'aux cheveux, elles ne sont plus en regne si fort qu'elles ont été, car on a trouvé plus de commodité aux huiles, mais si les huiles sont commodes pour les Perruques, les Pommades sont necessaires pour décrasser les Têtes des Femmes, & en même-temps pour nourrir leur cheveux, ainsi elles sont toûjours de service. Il est necessaire pour leur bien faire prendre l'odeur des fleurs de bien purger dans l'eau la panne de quoy elle est faite, c'est le principal.

Sur les parfums pour la Bouche.

L'Ambre est singulier pour l'estomach, le Musc en quantité n'est pas bon pour la Bouche, ainsi le moins que l'on en met dans les compositions est toûjours le mieux & jamais de Civette, elle ne vaut rien à la bouche.

Sur les Eaux de senteurs.

LEs Eaux d'Ange se font de plusieurs façons & sont presque toûjours là-même chose ; & du moment que l'on a en memoire toutes les drogues qui y peuvent entrer, & que l'on sçait à peu prés la doze du fort & du foible, ainsi que les Articles l'enseignent, on la fait facilement tant bonne ne que l'on veut, en augmentant ou diminuant la dépense. Ce qu'il y a de particulier c'est que la faisant dans le coquemart, elle se fait trouble & épaisse & la faisant distiler au Bain-marie, elle se fait claire comme eau de roche, cependant elle a la même odeur que l'autre.

L'Eau de la Reine d'Hongrie ne se peut faire si bonne qu'à Montpellier, parce qu'ils la font avec les fleurs de Romarin qu'ils ont en abondance ; mais cependant celle que nous faisons avec les feüilles est fort bonne & a la même vertu.

A l'égard des Eaux de fleurs, il n'y a que la fleur d'Orange & celle de Roze de laquelle on puisse faire de l'eau, & s'il s'en trouve d'autre sorte elle est artificielle. Plusieurs ont voulu faire de l'eau de Jassemin & n'y ont pas réüssi : la raison en est aisée à trouver, c'est qu'il faut que ce soit une fleur qui ait du corps pour pouvoir produire de l'eau, autrement il faut que ce soit des fleurs qui sortent d'un Arbre Aromatique, comme le Romarin, ou le Mirthe, desquels on peut

6.

se servir des feüilles qui ont beaucoup
de force pour ajder à la fleur. Exemple, frottez dans vôtre main une fleur
d'Orange ou une Roze, & la sentez.
vous trouverez qu'elle sentira plus.
fort qu'auparavant ; il en est tout au
contraire d'une fleur de Jassemin, ou
d'une Tubereuse, car bien loin de
communiquer son odeur, elle se re-
duira en fumier, & sentira mauvais :
c'est ainsi que chaque chose porte sa
qualité. Il est aisé de-là à juger que
quoyque l'on vende de l'eau d'œillet,
on ne peut pourtant en tirer de l'eau,
puisque cette fleur n'a pas la force
d'en produire ; mais parce qu'il tire
sur l'odeur du Gerosse que l'on a adou-
ci en en tirant de l'eau, c'est par ce
moyen que l'on a de l'eau qui a l'odeur
de l'œillet.

Sur les *Pastilles* à brûler.

POur les compositions de Pastilles,
il ne faut entreprendre d'y mêler
que des choses qui sont propres à brûler, & qui pousse de l'odeur dans la
fumée, car autrement ce seroit autant

de perdu. Pour exemple si vous y mettez de la Civette, elle rendra plûtôt
une méchante odeur qu'une bonne,
pour preuve mettez un grain de Civette dans le feu, il sentira plus mauvais que bon, & le Musc de même ; &
au contraire mettez-y de l'Ambre &
vous en tirerez une odeur agreable,
& ainsi des autres drogues.

Sur les grosses poudres dont on remplit les Sachets & Toilettes.

IL faut remarquer que toutes ses
sortes de compositions, quoyque
differentes, ont toutes du rapport les
unes avec les autres, parce qu'elles
sont presques toutes d'odeurs fortes,
& la plus grande subtilité en les com-
posant, est de mélanger toutes les drogues avec tant de précaution, que l'on
puisse rendre difficile à connoître laquelle de toutes les odeurs mélangées
est celle qui domine, ce qui se peut
comprendre facilement par la lecture
& pratique des Articles qui les con-
tiennent, appropriant un peu plus
d'odeurs douces avec un peu moins

des fortes à quoy on peut remedier
quand même on y auroit manqué,
puifque le mélange êtant fait on y peut
ajoûter ce que l'on trouve à propos.

Sur les herbes Aromatiques.

LEs herbes Aromatiques ne font
pas bien neceffaires dans les parfums, mais comme il fe trouve quelques perfonnes qui s'en fervent, j'ay
ajoûté la maniere de les pouvoir employer, quoyque toute la peine que
l'on y peut prendre ne les rend jamais
guere agreables, car ces fortes d'herbes gardent fi bien leur odeur, qu'il
eft fort difficile de les adoucir. On les
employe feulement avec quelque autres drogues qui ne fe peuvent cor-
rompre par leur force, ou bien faifant
un Pot pourry comme il eft dit en fon
Article.

Sur les Compofition à porter fûr foy.

TOutes les compofitions à porter
fur foy doivent êtres toutes d'o-
deurs douces & agreables; & que le

Muſc ny la Civette ny ſoient jamais
par quantité , & que l'un ou l'autre ne
ſoit pas pur , car le Muſc pur entête ,
& la Civette n'eſt pas agreable étant
ſeuls , ainſi il faut les moderer par les
mélanges d'odeurs plus douces, comme
vous le connoîtrez dans les Articles
où j'en parle.

Sur les Compoſitions à charger Gands ou Peaux.

COmme ces compoſitions renferment ce qu'il y a de plus precieux
dans les Parfums , puiſqu'elles ſont
compoſées d'Ambre , de Muſc , & de
Civette, d'Eaux de ſenteurs & d'Eſſences douces , il ſe faut bien garder
de jamais y mélanger aucune odeur ny
eſſences fortes, car quoyque ces parfums ayent beaucoup de force , il eſt
conſtant que s'ils ſont traverſez par
des parfums contraires , ils ſe gâtent
auſſi-tôt , & perdent leurs qualitez, &
au contraire comme toutes les odeurs
douces ſe conſervent les unes avec les
autres , ſes ſortes de parfums durent
à l'infini lors qu'ils ſont bien compo.

sez & appliquez bien à propos. Mais
pour durer longs-temps, il faut par-
dessus toutes choses que les Peaux ou
Gands sur lesquels on les emploie,
ayent été parfaitement bien purgés
c'est le principal & le plus necessaire.

Sur le Tabac.

CE n'est pas un des moindres Articles des Parfums que de bien donner l'odeur des fleurs au Tabac, car
on doit être persuadé que son odeur
naturelle est d'une force extraordinai-
re, & par consequent qu'il faut qu'il
soit parfaitement bien purgé & qu'il
ait absolument perdu son odeur forte,
pour en pouvoir prendre aisément une
douce; car il est constant que s'il n'est
pas purgé dans sa perfection, il ne
prendra jamais bien l'odeur des fleurs,
ou s'il la prend ce sera en employant
une fois autant de fleurs qu'il en est
necessaire, & il est certain que l'odeur
ne s'en conservera pas longs-temps.
On aura encore le chagrin que les autres parfums que l'on y pourra mettre
d'Ambre, de Musc, & de Civette ne

feront point l'effet qu'ils feroient s'il
étoit bien purgé : car outre que l'odeur
n'en ſera pas ſi agreable, il arrivera que
l'odeur du Tabac corrompra en peu de
temps ces bons parfums, & il ne ſera
jamais bon. C'eſt pourquoy il ne faut
pas regarder à la diminution que la
purgation y aporte pour le rendre
dans ſa perfeſtion ; pourveu que l'on
ſe ſerve de Toile bien ſerrée il ne diminuera pas beaucoup & l'on ſera aſ-
ſuré que l'odeur ſe conſervera aiſément d'une année à l'autre dans ſa
bonté. Les manieres en ſont fort aiſées
ainſi que vous le verrés dans ſon
Traité.

Sur le Temps de cueillir les fleurs.

LOrs que vous voudrez employer
des fleurs, ſoit pour les Gands,
ſoit pour les Eſſences, Pommades,
Tabac ou enfin à tout ce à quoy vous
en aurez beſoin, obſervez particulierement que c'eſt le matin & le ſoir
qu'elles doivent être cueillies ; ſçavoir
le matin aprés que le Soleil aura donné deſſus une heure ou deux, & le ſoir

deux heures avant le Soleil couché : qu'à les fleurs d'Oranges & autres soient ouvertes & non pas en bouton : qu'elles ne soient moüillées en aucune façon, & sur tout qu'elles ne soient point envelopées de linge mais de papier bien sec.

Le dernier avertissement que je donne, c'est que si l'on trouve que la quantité que je marque dans mes compositions soit trop grande, il est facile d'en accommoder si peu que l'on voudra à la fois en diminuant également ou à proportion toutes les choses qui y sont comprises. Je les ay toutes écrites de la même maniere que je les ay moy même experimentées & executées.

Je ne renferme pas dans ce petit volume aucune maniere de farder, étant persuadé qu'il n'y a point de fard qui ne gâte le visage : j'enseigne seulement des Pommades qui sont tres-singulieres, & desquelles on se peut servir en toutes asseurance, car elles font un tres bel effet & ne fardent pas.

TRAITE'

TRAITÉ

DES POUDRES POUR
les Cheveux.

Poudre de Rozes communes.

D ANS une caiſſe où il y
aura vingt livres de poudre
d'amidon, vous y mettrés
une livre de feuilles de Ro-
ſes, que vous mélerés bien avec la
main, enſorte qu'il y en ait par tout,
& de quatre en quatre heures vous ne
manquerés de la bien remuër, afin que
les fleurs ne s'échaufent point ; & le
lendemain à pareille heure que vous
les aurés miſes vous les ſaſſerés, &
vous en remettrés d'autres en pareille
quantité & ainſi de même juſqu'à trois

A

fois, pendant lequel temps vous laisserés la caisse ouverte depuis la premiere fois que vous y aurés mis les fleurs jusqu'à ce qu'il n'y en ait plus, & la poudre sera faite.

Poudre de Rozes musquées.

COmme l'on a pas les Rozes musquées en abondance comme les communes, il ne faut prendre du corps de poudre qu'à l'équipolent de ce qu'on a de fleurs, & faire ensorte qu'il y en ait par tout, & laisser les fleurs dans ladite poudre vingt quatre heures : Au bout du quel temps il faudra sasser les fleurs & en remettre de fraîches, & ainsi faire jusqu'à trois fois. Il n'est point necessaire de remuër les fleurs, parce qu'elles ne s'échaufent point. La caisse doit demeurer fermée.

Poudre de fleur d'Oranges.

DAns une caisse où il y aura vingt cinq livres de poudre d'amidon, vous y mêlerés une livre de fleurs

d'Orange, vous ferés enforte qu'elles
ſoient également miſes par tout, &
vous aurés ſoin de la remuër au moins
deux fois le jour pour empêcher qu'elles ne s'échaufent, & au bout de vingt
quatre heures vous ſaſſerés vos fleurs,
& en remettrés de fraîches en même
quahtité & vous ferés ainſi pendant
trois jours. Si l'odeur ne vous en paroît pas aſſez forte, vous en pourrés
remettre encore une fois & elle ſera
faite. Il faut toûjours tenir la caiſſe
fermée, auſſi bien quand les fleurs y
ſont , comme lors qu'elles ny ſont
plus.

Poudre de Iaſſemin.

DAns une caiſſe où il y aura vingt
livres de poudre d'amidon, vous
y mêlerés un millier de brins de Jaſſemin bien également , faiſant un lit de
poudre & un lit de fleurs, & vous laiſſerés ainſi vos fleurs l'eſpace de vingt
quatre heures ſans les remuër, car le
Jaſſemin ne s'échaufe pas. Enſuite vous
ſaſſerés vos fleurs , & en remettrés de

fraîches en même quantité; vous continuerés ainsi l'espace de trois jours , &
elle sera faite ; si vous souhaitez que
l'odeur en soit plus forte , vous y remettrés des fleurs encore une fois.

Poudre de Ionquille.

VOus en userés pour la composition de cette poudre , comme à la
poudre de Rozes musquées : Selon la
quantité que vous aurez de fleurs vous
prendrés de la poudre , ensorte qu'il y
ait des fleurs par toute ladite poudre
sans être pour tant trop confuses , &
les ayant laissé vingt quatre heures ,
sassés vos fleurs, & en remettez de fraîches : Vous ferez ainsi l'espace de trois
jours , & sera faite.

Poudre d'Ambrette.

PRenés cinq livres de poudre de
Jassemin & cinq livres de poudre
de Rozes musquées , & les mêlés ensemble. Ensuite emplissez un sas de
cette poudre ; versés dedans deux gros

d'essence d'Ambre & la mêlés ; puis
saffés vôtre poudre, à la reserve des
grumelots que l'essence aura formé :
Remettés parmy les grumelots de la
susdite poudre & continués à saffer jusqu'à ce que vous ayez desseiché &
passé le tout. Puis mêlés bien le tout
ensemble, & sera fait.

Quoique les Poudres Blanches
soient parfumées aux fleurs, ce n'est
pas encore assez, il faut faire un parfum comme cy aprés, afin de les mettre dans leur perfection & pour lors il
n'y manquera plus rien.

Parfum pour parfumer les autres poudres.

PRenés douze livres de poudre d'am-
brette ou autre sorte si vous voulés, ensuite mettés dans le petit mortier un demi gros de Civette & gros
comme une petite noix de sucre, &
les pilés ensemble : Ajoûtés y de cette
poudre & la passez au sas : & ce qui
vous restera de grumelots, repilés les
& les consommés & passés avec de la

A 3

même poudre, & ayant tout paſſé vous
conſommerés de la même maniere un
gros de Muſc, puis vous mêlerés bien
le tout enſemble, & ſera fait.

Vous pouvés mêler deux onces de
cette poudre dans une livre de poudre
de jaſſemin ou de fleurs d'orange, cela
fait un mélange d'odeurs fort agreable, & aide beaucoup à faire pouſſer
les odeurs de fleurs.

Poudre purgée à l'Eau de vie.

DAns une caiſſe où il y aura dix
livres d'amidon en poudre, vous
y verſerés une chopine d'Eau de vie &
mêlerés bien le tour. Enſuite le laiſſerés ſeicher, & étant ſec le pilerés &
repaſſerés bien fin par le Tamis, &
ſera fait.

Poudre de Violette ou d'Iris.

IL n'y a point d'autre façon à faire
que de piler l'Iris & le paſſer au
Tamis : cette poudre eſt tres bonne
pour les cheveux, & elle ſent natu-

rellement la violette, & il n'y en a
point d'autre de cette odeur, parce que
la fleur n'a pas assez de force.

Poudre de mousse de Chesne : Autre-
ment dit de Cipre.

IL faut premierement mettre tremper la mousse de Chesne dans beaucoup d'eau, l'espace de trois jours au
moins, ensuite la retirer de l'eau & la
bien exprimer, puis la laver encore
par plusieurs fois jusqu'à ce que l'eau
demeure nette, & pour lors vous l'a
retirerés de l'eau & l'exprimerés bien
& la mettrés secher au Soleil, & vous
aurés soin de la remuër de deux en
deux heures à mesure qu'elle seichera,
afin qu'elle ne s'échaufe pas, & étant
bien seiche vous ferés ce qui suit. Pour
la mettre en poudre vous emplirés vôtre mortier de ladite mousse, & jetterés dessus un verre d'eau & la pilerés,
elle ne manquera de se reduire en miettes ; ce qui ne se feroit pas si elle n'é-
toit humectée de la façon, & après
l'avoir ainsi reduitte, vous l'a remet-

trés feicher au Soleil, & étant bien
feiche, vous l'a pilerés aifément au
mortier & la pafferés au Tamis tout le
plus fin,& fera faite.

.La derniere purgation que l'on fait.
-à la poudre de Cipre, c'eft de luy donner une fois ou deux les fleurs de Jaffemin ou de Rofes mufquées tout
comme aux autres poudres. Elle ne
prend pas pour cela l'odeur des fleurs
comme l'amidon, mais cela l'a rend en
état de prendre facilement les autres
odeurs que l'on luy veut donner.

; Comme on a à Lyon la commodité
des Trouilleurs, qui mettent toutes
chofes en poudres, les perfonnes de
Lyon pourront par ce moyen la faire
mettre en poudre fans en avoir la peine, pourveu qu'elle foit auparavant
bien purgée & feichée ainfi que je
viens de le dire.

Poudre de Franchipanne.

VOus prendrés fix livres de poudre de fleurs d'Orange & fix livres de poudre de mouffe de Chefne,

que vous mêlerés enfemble, puis vous
ferés chaufer le cul du petit mortier &
le bout de fon pilon affez chaud pour
griller la falive ; vous y verferés une
once d'effence d'Ambre & dans le même inftant plein la main de la fufditte
poudre, que vous mêlerés bien avec le
pilon y ajoûtant de la poudre jufqu'à
ce que le mortier foit plein, enfuite
vous renverferés vôtre mortier dans
un fas, & vous remettrés encore de la
même poudre par deffus, & la fafferés
dans une caiffe afin que l'odeur ne s'é-
vante pas, & ce qui reftera de grumelots que l'effence aura formé, vous les
remettrés dans le mortier, les pilant
& mêlant comme auparavant en ajoûtant de la poudre, & enfin continuerés ainfi jufqu'à ce que le tout foit
confommé & paffé, puis vous ferés ce
qui fuit.

Vous mettrés dans le mortier un
demi gros de Civette avec un morceau
de fucre gros comme une noix, vous
broyerés vôtre Civette avec le fucre,
vous y ajoûterés peu à peu de la poudre, en la mêlant avec le pilon, en-

suite vous la renverserés dans un sas
& sasserés legerement, puis vous remettrés dans le mortier les grumelots
que la Civette aura formés, vous les repilerés y ajoûtant de la poudre comme
auparavant, & continuerés ainsi jusqu'à ce que le tout soit passé, puis
vous mêlerés bien le tout ensemble &
elle sera faite.

Cette poudre est d'une agreable
odeur, la couleur en est d'un gris cendré, qui convient parfaitement bien à
toutes couleurs de cheveux.

Autre maniere.

VOus pouvés mêler de la poudre
de Cipre avec de la poudre d'a-
midon en quantité égale, & leur donner les fleurs comme à la poudre de
fleurs d'Orange ou de Jassemin, & ensuite quand bon vous semble leur donner l'odeur de l'Ambre & de la Civette
comme il est enseigné cy-dessus, & elle
sera tres bonne.

Autre maniere.

AYant obfervé l'un des deux artîcles cy-deſſus, ſi vous voulés la rendres muſquée, il faut ſur la même quantité de poudre, au lieu d'y mettre un demi gros de Civette, n'y en mettre que dix-huit grains & y ajoûter un demi gros de Muſc, & le broyer & conſommer avec du ſucre de la même maniere que l'on conſomme la Civette, & l'odeur en ſera tres bonne.

Maniere de parfumer la poudre de Cipre comme à Montpellier.

VOus prendrés deux livres de poudre de mouſſe de Chêſne toute pure, qui ait été purgée avec les fleurs, comme il eſt dit dans ſon article. Vous y conſommerés dix-huit grains de Civette avec un peu de ſucre, comme il eſt cy-devant enſeigné. Enſuite vous y conſommerés un demi gros de Muſc de la même maniére, ce qui étant fait, vous la mettrés dans une boîte bien

clofe, elle fera d'une odeur admirable,
il n'en faudra que tres peu fur un perruque ou fur la tête pour fentir parfaitement bon.

Poudre fine à la Mareſchalle propre à faire des paſtes pour des Chapelets.

VOus prendrés deux livres de
mouſſe de chefne, une livre de
poudre d'amidon, une once de clou
de Gerofle en poudre, une once de
Calamus en poudre, deux onces de
Souchet en poudre, deux onces de bois
vermoulu en poudre, mêlés bien le
tout enfemble, & elle fera faite.

Il faut que ce foit du bois de chefne
vermoulu, parce qu'il eſt rouge &
qu'il donne une belle couleur à cette
poudre.

TRAITÉ
DES SAVONETTES.

Maniere de purger le Savon.

Ous prendrés une Table de Savon que vous ratisserés bien, ensuite la decouperés bien mince & vous mettrés le tout dans un grand chaudron sur le feu avec cinq ou six pintes d'eau, & vous ferés fondre vôtre Savon toûjours remüant avec un bâton jusqu'à ce qu'il soit bien fondu : Ensuite vous le verserés dans des vaisseaux & le laisserés plusieurs jours jusqu'à ce qu'il soit bien ferme : Puis vous vous le decouperés tout le plus mince que vous pourrés, & vous le laisserés seicher jusqu'à ce qu'il soit dur comme du bois. Ensuite vous le mettrés

dans des vaiſſeaux ou baſſins & verſerés de l'eau de vie ſuffiſamment pour
le détremper : Vous y jetterés auſſi
quelque poignée de ſel, & tourne-
rés bien le deſſus deſſous afin que le
tout ſoit bien imbibé : Puis vous le
mettrés derechef ſeicher à l'air, juſqu'à ce qu'il ſoit bien ſec, & pour lors
quand vous en aurés beſoin vous le
ferés ramolir ſelon les Savonettes que
vous voudrés faire : Comme vous
trouverés dans leurs articles.

Savonettes communes.

PRenés cinq livres de Savon que
vous ratiſſerés & le mettrés dans
le mortier pour le piler aſſez longs-
temps : Enſuite maniés bien vôtre Savon pour en retirer les petits morceaux qui n'auront pas été pilés ; remettrés vôtre Savon dans le mortier &
y mettrés auſſi deux livres de poudre
d'amidon, une once d'eſſence d'Orange ou de Citron, & environ un demi
ſeptier d'eau de Macanet preparée de
la maniere que je vous le diray bien-

tôt ; mêlés doucement le tout ensemble avec le pilon , & ensuite pilés le
tout assez longs-temps pour bien mêler le tout ensemble , & sera fait. Il ne
s'agira plus que de rouler vôtre pâte
de la façon que vous voudrés pour en
faire des Savonettes & les laisser seicher, si vôtre pâte se trouve trop môle,
il la faut laisser rafermir d'elle-même.

L'Eau de Macanet se fait ainsi. Vous
pilerés quatre onces de Macanet dans
le mortier , & le mettrés tremper dans
une chopine d'eau du jour au lendemain , ensuite vous passerés cette eau
par un linge & exprimerés bien le Macanet , puis vous ferés détremper dans
la même eau deux onces de blanc de
Ceruse que vous aurés mis auparavant
en poudre , vous y ajoûterés encore
une poignée de sel & vous en servirés
comme j'ay dit.

Autre maniere.

LOrs que vous aurés pilé cinq livres de Savon comme cy-devant,
& retiré les grumelots , vous remet-

trés vôtre Savon dans le mortier, &
vous y ajoûterés deux livres de poudre
d'amidon, environ un demi septier
d'eau de Macanet apprefté comme cy-
devant, une cuillerée d'huile d'Afpic,
une demi once d'eſſence d'Orange ou
de Citron,& deux cuillerées de Storax
liquide apprefté comme cy-aprés:
Vous mêlerés le tout doucement avec
le pilon : enfuite vous pilerés à grands
coups jufqu'à ce que le tout ſoit bien
mêlé & incorporé, & fera fait.

Le Storax liquide s'apprefte ainſi.
Vous mettrés une once deStorax liquide dans une terrine avec un demi verre
d'eau, & remuerés le Storax avec une
cuillere à meſure qu'il fondra, & étant
fondu vous vous en ſervirez comme il
eſt dit.

Autre maniere.

FAite fondre cinq livres de Savon
coupé bien mince, avec une pinte
d'eau de Citron, & étant bien fondu
paſſés le tout dans un linge qui ne ſoit
point trop fin, enfuite ajoûtés y deux
livres

livres de poudre d'amidon , une once
d'essence d'Orange ou de Citron;deux
onces de Ceruse détrempée dans un
verre d'eau , vous petrirés bien vôtre
pâte avec les mains , jusqu'à ce que le
tout soit bien mêlé , & sors que vôtre
pâte sera rafermie , vous roulerés vos
Savonettes de la grosseur que vous
voudrés , & les mettrés seicher.

Pour faire l'eau de citron , vous couperés par morceaux environ une demi
douzaine de Citrons , vieil ou non , il
n'importe, que vous ferés boüillir dans
une pinte d'eau , l'espace d'une demi
heure : Ensuite vous les exprimerés
dans un linge & vous vous servirés
de cette eau.

Savonettes de Néroly.

VOus prendrés huit livres de Savon sec purgé comme il est enseigné cy-devant , & le mettrés dans
un bassin : Vous y verserés de l'eau de
fleurs d'Orange ou de Roze jusqu'à la
hauteur du Savon afin de le détremper.
Vous aurés soin deux fois le jour de

remuër le deſſus deſſous juſqu'à ce que le Savon aye conſommé l'eau & ſoit ramoly : Et vous le laiſſerés ainſi juſqu'à ce que vous le voyez en état d'être pilé , puis vous le pilerés aſſez longs-temps & vous le manierés bien aprés l'avoir pilé , afin de retirer les grumelots qui y reſteront ; vous remettrés vôtre Savon dans le mortier , & y ajoûterés une livre de Labdanum en poudre bien fine , & deux onces d'eſſence de Neroly, vous mêlerés doucement le tout enſemble avec le pilon, enſuite vous pilerés aſſez longs-temps pour bien mêler & incorporer le tout, & ſera fait. Si la pâte ſe trouvoit trop ferme vous y pouvés verſer de l'eau de fleurs d'Orange à diſcretion, & la pâte en ſera tré's bonne , lors que la pâte ſera rafermie , vous roulerés vos Savonettes & les mettrés ſeicher.

Savonettes de Bologne.

VOus prendrés trois paquets de Savonettes des communes de Bologne , que vous pilerés dans le

mortier jufqu'à ce qu'elles foient mifes
en miettes , & les mettrés dans un
baffin & y verferés de l'eau d'Ange
jufqu'à la hauteur de la pâte & la laifferés tremper jufqu'à ce qu'elle foit
amolie, ce qui pourra être dans deux ou
trois jours, pendant lequel temps vous
aurés foin deux fois le jour de remuër
le deffus deffous , & lors qu'il n'y aura
plus d'eau & que la pâte fera rafermie
vous la pilerés affez longs-temps , puis
vous la manierés bien pour en tirer
les grumelots , & enfuite vous parta-
gerés vôtre pâte en deux pains égaux,
puis vous ferés ce qui fuit.

Vous prendrés un demi feptier d'eau
d'Ange & autant d'eau de Roze , &
vous mettrés dans le petit mortier
deux gros de mufc avec un peu de la-
ditte eau d'Ange pour le dilayer, vous
le pilerés bien en ajoûtant toûjours de
cette eau , puis vous le pafferés par un
linge qui ne fera ny trop gros ny trop
fin : Enfuite vous ramafferés avec une
cuilliere le mufc qui fera refté dans le
linge , & le pilerés derechef, y ajoûtant toûjours de l'eau , & vous conti-

nuerés jufqu'à ce que le Mufc ait été
paffé & confommé avec l'eau d'Ange
& l'eau de Roze, & le linge fera lavé
avec de la même eau afin qu'il ny refto
point de mufc, & le tout étant bien
mêlé toute l'eau fera mife dans une
bouteille de verre pour s'en fervir
comme vous verrés cy-apres.

Vous prendrés un des deux pains de
pâte fufdits que vous mettrés en morceaux dans le mortier ; vous mettrés
deffus une bonne poignée de poudre
de Labdanum paffée bien fine, demi-
once de beaume du Perou, un bon filet d'effence de Neroly, & environ un
demi féptier de la fufditte eau, vous
mêlerés bien doucement le tout enfemble avec le pilon : Enfuite vous
pilerés le tout affez longs-temps pour
bien mêler la pâte & fera faite. Et
tout ainfi que vous aurés fait fur ce
pain vous ferés fur l'autre, & vous les
mettrés enfemble bien couverts environ deux jours, afin de leur donner le
temps de bien prendre les odeurs ; &
enfuite la pâte étant rafermie vous les
roulerés comme vous voudrés & elles

feront faites, & vous les mettrés seicher.

Savonettes de Bologne les meilleures.

IL faut prendre trois paquets de Savonettes communes de Bologne
qu'il faut piler & mettre tremper avec
de l'eau d'Ange jusqu'à la hauteur de
la pâte tout ainsi qu'aux precedentes :
& outre l'eau d'Ange ajoûtez-y un
demi septier de lait virginal , & vous
remuërés cette pâte deux fois le jour
le dessus dessous , afin que le tout se
détrempe bien , & l'eau étant ébûë &
la pâte rafermie , il la faudra piler &
ensuite la manier pour en retirer les
grumelots , & le tout étant bien reduit
en pâte il en sera fait deux pains égaux,
puis vous ferez ce qui suit.

Vous pilerés demi once de Musc
dans le petit mortier avec de l'eau
d'Ange, tout comme il est enseigné
dans les Savonettes precedentes : &
enfin vous consommerés vôtre Musc
le pilant & passant par un linge avec
un demi septier d'eau d'Ange & autant

d'eau de Roze, puis vous vous en fervirés comme il fuit.

Vous prendrés un des deux pains de
pâte que vous mettrés par morceaux
dans le mortier, & vous mettrés par
deſſus ce pain deux onces de baume du
Perou, un bon filet d'eſſence de Neroly, une bonne poignée de poudre
compoſée ; ſçavoir un tiers de poudre
fine à la Maréchalle, un tiers de poudre de racine de Campanne, & un tiers
de Labdanum en poudre, & un demi
ſeptier de l'eau ſuſditte compoſée avec
le Muſc : vous mêlerés bien tout enſemble & le pilerés aſſez longs-temps :
& la pâte ſera faite, l'odeur en eſt fort
agreable. Vous roulerés vos Savonettes lors que vôtre pâte ſera ferme, &
tout ainſi que vous aurez fait ſur ce
pain de pâte vous ferés ſur l'autre.

Savonettes bien Parfumées.

VOus prendrés trois paquets de
Savonettes communes de Bologne, vous les caſſerés au mortier,
& les mettrez tremper avec de l'eau

d'Ange & du lait virginal , comme les
précedentes de Bologne , & étant re-
pilées & mifes en pâte vous les parta-
gerés en deux pains égaux , puis vous
ferez une compofition comme il fuit.

Vous broyerez demi gros de Civette dans le petit mortier avec deux
onces de baume du Perou que vous y
mêlerez peu à peu : Vous y ajoûterez
deux gros d'effence d'Ambre , un bon
filet d'effence de Canelle , autant de
celle de Gerofle , vous mêlerez bien le
tout enfemble & le mettrez à part
pour vous en fervir comme vous verrez cy-apres.

Vous mettrés dans le mortier un de
vos pains de pâte rompus par morceaux , vous mettrez deffus deux poignée de poudre compofée ; fçavoir un
tiers de poudre de Labdanum, un tiers
de poudre fine à la Maréchalle , & un
tiers de poudre de racine de Campanne,
vous y mettrez auffi la moitié de la
fufditte compofition,& un demi feptier
d'eau de mille fleurs, & une demi once
d'effence de neroly , & vous mêlerez
bien le tout enfemble , & lors qua

vous aurez pilé affez longs-tems pour
bien incorporer le tout, la pâte fera
faite. Vous en pourrez faire autant
fur l'autre partie de pâte.

Autre maniere.

VOus prendrés trois paquets de
Savonettes comme cy-devant,
que vous cafferés au mortier & ferez
détremper & remettrez en pâte comme les précedentes, & le tout étant
partagé en deux pains égaux, vous en
mettrez un dans le mortier rompu par
morceaux, vous y ajoûterez une poignée de poudre de Labdanum, une
poignée de mart d'eau d'Ange en poudre, une once de baume du Perou,
une demi once d'effence de Neroly, &
un demi feptier d'eau de mille fleurs :
vous mêlerez doucement le tout avec
le pilon, & enfuite vous pilerez affez
longs-tems & fera fait. Vous en pourrez faire autant fur l'autre partie de
pâte.

On fçaura que les perfonnes qui
n'auront pas la commodité d'avoir des
paquets

paquets de Savonettes de la pâte de
Bologne se pourront servir de Savon
purgé, comme je l'enseigne au commencement de ce Traité ; il sera fort
bon pour faire toutes les Savonettes
que l'on voudra faire, on en pourra
prendre quatre livres ou un peu plus si
on veut à la place de chaque paquet,
& au deffaut des poudres qui sont comprises dans les compositions des Savonettes dont j'ay parlé cy-devant, se
pourront servir de mart d'eau d'Ange
passé bien fin par le Tamis, & elles ne
seront pas moins bonnes, & sur tout
que toutes les poudres que l'on y met-
tra soient bien fines.

§. I. *Lait Virginal tres bon.*

VOus mettrés dans une bouteille
de gros verre une pinte d'esprit
de vin, & une pinte d'eau de vie,
une demi livre de Benjoin concaf-
sé, un carteron de Storax concassé,
une demi once de clou de Gerofle bien
pilé, une once de Canelle bien pilée,
quatre Muscades concassées : le tout
étant dans la bouteille, vous la boucherez bien & l'exposerez au Soleil,

C

poſée ſur du ſable dans la chaleur de l'Eté, l'eſpace d'un Mois, & ſera fait. Vous aurez ſoin de la retirer de la pluye, & obſerverés que la bouteille ſoit aſſez grande afin qu'il y reſte au moins quatre doigts de vuide, car autrement l'eſprit de vin étant échaufé ne manqueroit pas de la faire caſſer.

S'il ne vous ſembloit pas aſſez rouge au bout du temps marqué cy-deſſus, quoy qu'il le doit être aſſez, il ne faudra alors que broyer dans le petit mortier gros comme une feve d'Orcanet, & le dilayer avec du même lait Virginal, vous le verſerés dans la bouteille & la remettrés deux ou trois jours au Soleil & ſera fait.

§. I I. *Eponges preparées pour le Viſage.*

VOus choiſirés des Eponges toutes les plus belles & les plus fines, & vous couperés ce qui peut être autour qui n'y convient pas. Vous les mettrés enſuite tremper dans de l'eau pendant quelques heures, puis vous les laverés & frotterés bien en les changeant d'eau tant de fois que l'eau

demeure claire. Puis vous les mettrés
feicher , & étant feiches vous les mct-
trés tremper dans de l'eau d'Ange , ou
bien dans de l'eau de fleurs d'Orange
dans laquelle vous aurez verfé un filet
d'Eflence d'Ambre , & aprés y avoir
trempé du jour au lendemain vous les
retirerés de l'eau fans les trop exprimer & les mettrés feicher , & feront
faites.

TRAITE'

DES ESSENCES ET
Huiles parfumées aux fleurs.

Maniere de faire les Essences de fleurs.

ES fleurs quoy que differentes n'apportent pas plus de difficulté les unes que les autres à faire les Essences, car lors que l'on en fait bien d'une fleur on en fait bien de toutes les autres : Voicy une maniere generale pour toutes les fleurs qui ont de l'odeur.

Il faut avoir une caisse de telle grandeur que l'on voudra, le dedans de laquelle sera garny de fer blanc afin que le bois n'offense pas l'odeur des fleurs, & ne boive pas l'Essence qui pouroit égouter.

Il faut avoir des chaſſis c'eſt-à-dire
des cadres de bois qui puiſſent entrer
ſur leur plat aiſément dans la caiſſe :
le bois en ſera de deux doigts d'épaiſſeur & tout au tour dudit chaſſis il y
aura des pointes d'éguilles.

Il faut auſſi avoir autant de toiles
que de chaſſis ; ces toiles ſeront à peu
prés comme une ſerviete & un peu
plus grandes que les chaſſis, afin de
les pouvoir piquer tout autour deſdits
chaſſis pour les tenir étenduës deſſus,
ainſi il eſt aiſé par cette explication de
proportionner les toilles aux chaſſis &
les chaſſis à la caiſſe.

Ces toilles doivent être de toille de
cotton,& qu'elles ayent été à une bonne leſſive ; & enſuite bien lavées dans
de l'eau bien claire, & qu'elles ſoient
bien ſeiches.

Vous tremperés vos toilles en huile
de Ben, & leur laiſſerez boire toute
l'huile qu'elles pourront boire : vous
les exprimerez un peu afin que l'huile
ne dégoute pas, enſuite vous les étendrez ſur vos chaſſis par le moyen des
éguilles qui ſont au tour. Vous mettrez le premier chaſſis au fonds de la

caiſſe & des fleurs de Jaſſemin ou de
fleurs d'Orange ou enfin celle qu'il
vous plaira , que vous ſemerez également dans le chaſſis ſur la toille , &
remettrez un autre chaſſis ſur le premier ; & vous mettrez enſuite des
fleurs dans ce ſecond , puis encore un
autre chaſſis par deſſus ; vous continuerez ainſi juſqu'à ce que vous ayez
mis tous vos chaſſis , ou que vôtre
caiſſe ſoit pleine.

Comme je vous marque que les
chaſſis ſoient de l'épaiſſeur de deux
doits , il s'enſuit que les fleurs qui ſe
trouvent entre deux chaſſis , ne ſont
point preſſées : & par ce moyen chaque toile a des fleurs deſſus & deſſous. Vous laiſſerez vos fleurs dans les
chaſſis pendant douze heures. C'eſt à
dire les ayant miſes le matin vous les
retirerez le ſoir , & en remettrez de
fraîches , & celle du ſoir vous les chan-
gerez le lendemain matin , vous continuerez ainſi pendant quelques jours,
juſqu'à ce que l'odeur vous en paroiſſe
aſſez forte.

Vous léverez alors vos toilles de
deſſus les chaſſis , & vous les playerez

en quatre, & puis les ayant roulées &
liées de plusieurs tours avec une fi-
celle, afin qu'elles ne s'étendent pas
trop, vous les mettrez dans la presse
pour en tirer l'huile qui est l'essence
en question.

Il faut que la presse de laquelle vous
vous servirez soit garnie de fer blanc,
afin que l'essence ne s'attache pas au
bois. Vous mettrez des vaisseaux bien
propres dessous la presse pour recevoir
l'essence, que vous mettrez ensuite
dans des phioles ou bouteilles de verre, & sera faite.

On remarquera qu'il ne se peut faire dans une caisse que l'essence d'une
fleur à la fois : car l'odeur de l'une
corromproit l'autre ; & les toilles qui
auront servi à tirer l'odeur d'une
fleurs, ne pourront servir pour un
autre, qu'elles n'ayent été à la lessive,
& qu'elles n'ayent été bien lavées en
l'eau claire & qu'elles ne soient bien
seiches.

Essence de Mille-fleurs.

L'Essence de Mille-fleurs est com-
posée d'une partie d'essence de

toutes les fleurs, que l'on mêle ensemble, mettant un peu plus de celle
qui a l'odeur foible, & un peu moins
de celle qui a l'odeur plus forte : &
enfin faisant ensorte de les assortir si
bien, que l'on ne puisse connoître
celle qui domine, & sera faite.

Huile d'Olive parfumée aux fleurs.

L'Huile d'Olive dont on se sert doit
être toute la meilleure & la plus
fine que l'on puisse trouver, & c'est
celle que l'on appelle huile Vierge,
elle ne sent presque rien d'elle-même,
ainsi elle prend assez bien l'odeur des
fleurs. Il n'y a point d'autre façon
pour luy donner l'odeur que de faire
comme l'on a dit à l'Article des
Essences.

Huile d'Amande douce parfumée, & pâte pour laver les mains.

VOus péleres en l'eau chaude telle
quantité que vous voudrés d'A-
mande douce, & vous les mettrez es-
suyer à l'air, étant seiches vous les
pilerez grossierement, pour les pouvoir passer au crible. Vous les mettrés

dans une caiſſe qui ſera garnie de fer
blanc ou de papier , vous ferez un lit
de vôtre poudre d'Amande épais d'un
doigt , & par deſſus un lit de fleurs de
celles que vous voudrez , puis un autre lit d'Amande & par deſſus un lit de
fleurs , & vous continuerez ainſi juſqu'à ce que vous ayez employez vos
fleurs & vôtre poudre d'Amande.
Vous y laiſſerez vos fleurs du matin
au ſoir , ou ſi vous n'en avez pas en
abondance , vous les y laiſſerez vingt
quatre heures , & les retirerez avec le
crible , & en remettrés de fraîches ,
vous ferés ainſi juſqu'à ce que vous
ſentiez que vos Amandes ayent bien
pris l'odeur : Enſuite vous aurez des
toiles fortes , grandes d'un quartier en
quarré , qui ayent été à la leſſive , &
qu'elles ſoient bien ſeiches : Vous
mettrés vos Amandes dedans & vous
en ferés ainſi des paquets , vous en
mettrés deux enſemble plis contre plis,
dans la preſſe pour en tirer l'huile ,
qui ne manquera d'avoir l'odeur que
vous luy aurez donné , & outre cela
les pains d'Amande que vous aurez
auront auſſi l'odeur des fleurs. Cela

C 5

est fort bon pour laver les mains, il
faut seulement les piler au mortier &
les passer dans un sas, & s'en frotter
les mains avec de l'eau tiede, on y
peut mêler si l'on veut un peu de poudre d'Iris, c'est cette pâte qu'on appelle
pâte de Provence, ou pâte de Jassemin
ou de fleurs d'Orange.

Il faut observer que tant pour les
Essences que pour les Huiles, les toilles ou la pâte doivent demeurer dans
la presse du moins trois heures pour
rendre leurs huiles.

Essence de Neroly.

L'Essence de Neroly se trouve sur
l'eau de fleurs d'Orange, parce
qu'elle sort du fruit qui est dans la
fleurs, & il ne se tire de cette Essence
que par petite quantité ; ainsi il faut
faire beaucoup d'eau pour en avoir une
once. Voicy comment on la recüeille,
lors que vôtre eau de fleurs d'Orange
se distille, il la faut recevoir dans une
bouteille ou matras, qui ait la panse
grosse & le goulot fort longs & étroit,
& lors que la bouteille est pleine d'eau,
il la faut laisser reposer & la boucher :

& comme l'effence eft la plus legere,
elle ne manque pas de monter au deffus de l'eau ; & ainfi étant à l'extré-
mité du goulot de la bouteille, il eft
aifé de la verfer dans un autre : elle paroît verte dans le commencement,
mais lors qu'elle a été un peu gardée,
elle eft rouge.

Comme il ne fe peut en retirant
l'effence que l'on y mêle de l'eau, il
faut pour les feparer mettre l'effence
avec l'eau qui fi trouve mêlée dans une
moyenne phiole de verre, & boucher
le goulot avec le pouce & la renver-
fer de haut en bas, & comme l'effence
eft legere elle remonte en haut, &
pour lors vous lâchez un peu le pouce pour laiffer fortir l'eau doucement,
& l'eau étant fortie vous ferrez le
pouce pour retenir l'effence qui refte
feule.

Effence de Cedra, ou Berga-motte.

L'Effence de Cedra fe tire d'un Citron produit par une branche de
Citronnier, qui eft antée dans le tronc
d'un Poirier de Berga-motte, ainfi le
Citron qui en provient tient des deux

qualitez , & pour en tirer l'essence on coupe de petits morceaux d'écorce de ces Citrons , que l'on presse avec les doigts dans une bouteille ou bombe de verre , où l'on peut seulement entrer la main pour presser le zest tout comme l'on fait de celuy d'Orange dans une tasséede vin , ainsi par la quantité l'on a de l'essence.

Essence d'Orange forte , ou de Petit-grain.

VOus mettrés une quantité telle que vous voudrés de petites Oranges point trop meure dans l'Alambic au refrigeratoire avec de l'eau, & vous recevrez la distillation dans un matras ou bouteille de verre à long goulot ; & étant reposé , l'essence se trouvera dessus. Il la faudra retirer de dessus l'eau, & la serrer dans des phioles de verre & les bien boucher.

Au Traité de la distillation des eaux, vous trouverez la maniere de gouverner l'Alambic.

Essence de Citron.

L'Essence de Citron se fait de la même maniere que l'essence d'Orange forte : il faudra seulement couper les Citrons par la moitié, & les mettre dans l'Alambic au refrigeratoire avec de l'eau, & recevoir la distillation comme il est dit cy-devant : & retirer l'essence de même. Je ne prescrits pas la quantité de Citrons ny d'Oranges, il est aisé à juger qu'il faut qu'il y ait de l'eau suffisamment pour les faire bouillir, sans brûler, il faut aussi qu'il y ait du fruit suffisamment pour produire de l'essence.

§. I. *Cire blanche pour la Barbe.*

VOus mettrés quatre onces de Cire blanche, & deux onces de pommade de Jassemin ou autre odeur fondre ensemble dans une terrine sur un rechaut de feu, les remuant doucement : & étant fondus vous y verserez une cuillerée d'essence de Citron ou d'Orange forte ; & l'ayant mêlé vous emplirés vos moules, & tout aussi-tôt vous les mettrés tout debout dans un autre vaisseau, dans lequel il y aura de l'eau froide pour les faire prendre, & étant refroidis ils feront faits.

Les moules à Cire font de fer blanc de la grandeur du bâton de Cire, & par un bout ils ont un couvercle ou emboiture comme un étuy; & lors que la Cire eft refroidie, on tire le couvercle & l'on pouffe le bâton du bout du doigt pour le faire fortir.

Cire noire.

DAns la même compofition cy-deffus, il ne faudra qu'y mêler pour fix deniers de noir de fumée, & elle fera noire.

Cire grife parfumée.

DAns la compofition de la cire blanche, vous y mêlerés, deux cuillerés de poudre fine à la Maréchalle, & elle fera grize.

Autre maniere.

DAns la compofition de la cire blanche, vous y mêlerés deux cuillerées de mart d'eau d'Ange en poudre bien fine, & au lieu d'effence d'Orange forte, ou de Citron, vous y mêlerés un bon filet d'effence d'Ambre ou de Neroly & vous emplirés vos Moules.

TRAITÉ
DES POMMADES.

Pommade parfumée aux Fleurs.

Vous prendrés la quantité que vous voudrés de panne de Porc & vous la mettrés tremper dans l'eau tout en morceau comme elle est tirée du Porc, & la changerés d'eau de trois en trois heures pendant quatre jours, mais vous aurés soin pendant les deux derniers jours de la petrir dans l'eau avec une cuilliere à chaque fois que vous la voudrés changer d'eau, ensuite vous la retirerés de l'eau, & l'égouterés bien : & vous la mettrés fondre doucement sur le feu dans un pot de terre neuf vernissé, la remuant doucement afin qu'elle ne grile pas, & étant toute fonduë vous verserés vô-

tre Pommade dans un bassin plein
d'eau, remuant toûjours l'eau & la
Pommade ensemble avec une Spatule,
sans discontinuer jusqu'à ce qu'elle
soit tout-à-fait refroidie & congelée
dans l'eau. Pour lors vous verserés
l'eau dehors & continuerés à battre &
remuer vôtre Pommade qui peu à peu
rendra toute l'eau qui y sera mêlée, &
enfin jusqu'à ce qu'il n'y en reste plus:
puis vous laisserés reposer vôtre Pommade quelques heures & vous ferés ce
qui suit.

Vous appareillerés des Plats d'étein
ou autres deux à deux de pareille grandeur, ensuite vous étendrés vôtre
Pommade dans chaque plât de l'épaisseur d'un doigt, & dans l'un vous y
semerez les fleurs dont vous voudrez
donner l'odeur, ensorte qu'il y en ait
par tout également & le couvrirez de
son pareil. Ainsi les fleurs ne seront
point pressées & donneront l'odeur
à tous les deux.

Vous y laisserés les fleurs du matin
au soir, ou si elles ne vous sont pas
communes, vous les y laisserez vingt
quatre heures, & vous les retirerez &
releverez

releverez vôtre Pommade & la mêlerez un peu, enfuite vous l'étendrez
de nouveaux & remettrés de fleurs
fraîches comme la premiere fois : vous
continuerez ainfi pendant quelques
jours le foir & le matin, jufqu'à ce
que vous la trouviez affez forte d'o-
deur, & fera faite. Il la faudra ferrer
dans de pots de verre.

Il n'y a que la Pommade de Jaffemin, fleurs d'Orange, & Tubérufe,
qui fe puiffe faire bonné & qui fe
puiffe garder, les autres fleurs font
trop foibles pour y donner une odeur
qui dure longs-temps.

Pommade pour rafraîchir le tein &
ôter les rougeurs du vifage.

PRenés une demi livre de panne de
Porc mâle, & la mettés tremper
dans l'eau pendant plufieurs jours, la
changeant fouvent d'eau comme il eft
expliqué à l'Article cy-devant, & lors
que par ce moyen vous aurez bien fait
blanchir cette panne, vous la mettrez
dans un pot de terre neuf vernifé avec
deux pommes de renettes coupées par
morceaux fans péler, & une once de

quatre femences froides pilées , vous
mettrés le pot devant le feu , & ferés
cuire la ditte Pommade l'efpace d'un
quart d'heure : enfuite vous la retirerés du feu & vous y mêlerés une once
d'huile d'amande douce , puis vous la
pafferés par un linge bien ferré , &
laifferés tomber la coulature en eau
claire ; vous remuérez la Pommade &
l'eau avec une fpatule de bois , jufqu'à
ce qu'elle foit prife & congelée dans
l'eau ; puis vous verférés l'eau & remuerez encore la Pommade , pour en
faire fortir toute l'eau qui y fera reftée ,
& fera faite.

Autre Pommade pour le vifage tres-
bonne.

VOus prendrés quatre onces de
panne de Porc mâle , que vous
ferés blanchir en la faifant tremper
plufieurs jours , & la changeant fouvent d'eau comme j'ay dit cy-devant :
& étant bien blanche , vous verférés
l'eau & l'égouterés bien & la mettrés
à part.

Vous mettrés enfuite pour un fols
de cire vierge , & pour deux fols de

nature de Balaine, & deux onces d'huile d'Amande douce fondre enſemble
dans une terrine ſur la cendre chaude
ſans les faire boüillir, & pendant qu'ils
fondront vous les remuerez avec une
ſpatule de bois pour les bien incorporer enſemble, puis vous ſerés fondre
doucement la panne de Porc mâle que
vous aurez preparée, & vous la verſerés dans la ſuſditte compoſition, vous
les mêlerés bien enſemble avec la ſpatule, puis vous verſerez le tout dans
un vaiſſeau plein d'eau : vous remuerez la Pommade & l'eau avec la ſpatule, juſqu'à ce que la Pommade ſoit
priſe & congelée : pour lors vous la
changerés d'eau tant de fois en continuant à la battre avec la ſpatule qu'elle
demeure bien blanche, & elle ſera
faite.

Autre Pommade tres-fine pour le viſage.

VOus prendrés deux onces d'huile
d'Amande douce tirée ſans feu,
demi once de cire vierge, pour quatre
ſols de nature de Balaine ; vous mettrez fondre le tout enſemble dans un

plât de terre neuf verniſſé, ſur un rechaut dans lequel il y aura ſeulement
de la cendre chaude, & vous remuerez
doucement la cire avec une ſpatule de
bois, pour bien mêler & incorporer
le tout enſemble, vous ôterez enſuite
vôtre compoſition de deſſus le feu &
vous y verſerez peu à peu de l'eau bien
claire, en battant vôtre compoſition
avec la ſpatule, & vous continuerez
ainſi juſqu'à ce que le plât ſoit plein
& la Pommade priſe & congelée dans
l'eau, car il faut qu'elle nage à grande
eau, & l'ayant ainſi battuë dans cette
premiere eau aſſez longs-temps, vous
la verſerez & en remettrez de nouvelle
en la battant toûjours juſqu'à ce qu'elle
demeure bien blanche : pour lors elle
nagera ſur l'eau. Vous la retirerez avec
la ſpatule & la battrez ſans eau juſqu'à ce qu'elle ſoit blanche en perfection, & lors que l'eau ſera ſortie de
la Pommade, vous y mêlerez gros
comme une petite noix de borax paſſé
bien fin, & pour quinze ſols de ſe-
mence de perle fine en poudre bien
fine auſſi, & le tout étant bien mêlé,
elle ſera faite.

Pommade pour les lèvres.

VOus prendrez quatre onces de beure frais tout du meilleur, & une once de cire vierge : vous les mettrez fondre ensemble & étant fondus vous y jetterez les grains d'une grape de raisin noir : vous ferez boüillir le tout un quart d'heure, pendant ce temps vous écraserez les grains de raisin avec une cuillere, ensuite vous passerez vôtre Pommade par un linge allez fin, afin de retirer le raisin : vous remettrez vôtre Pommade sur le feu & vous y verserez deux cuillerées d'eau de fleurs d'Orange, & vous la ferez encore bouillir un bouillon, puis vous écraserez dans une écuelle gros comme une feve d'Orcanet, que vous délayerez avec un peu d'eau de fleurs d'Orange & le verserez dans vôtre Pommade, & la mêlerez bien avec la cuillere, & la retirerez du feu, & elle sera faite ; & lors qu'elle sera refroidie, vous la mettrez dans des pots ou boîtes.

Cette Pommade ce garde deux ans toûjours bonne, & est tres-souveraine pour guérir les lévres fenduës & jarsées & elle est d'une tres belle couleur.

§. I. *Pâte d'Amande liquide pour laver les mains sans eau.*

VOus prendrez une livre d'Amande amere que vous pélerez à l'eau chaude , & vous les laisserez seicher, puis vous les pilerez dans le mortier de marbre assez long-temps , afin qu'il n'y reste point de grumelots;& vous y verserez un peu du lait , afin de les lier en pâte , & les mettrez à part.

Vous pilerez ensuite de la mie de pain tout du plus blanc , la grosseur d'un pain d'un sols , avec un peu de lait assez longs-temps pour la bien reduire en pâte : vous mettrez ensuite dans le mortier la pâte d'Amande avec celle de pain, & y ajoûterez dix jaunes d'œufs, desquels vous aurez ôtez les germes , & vous pilerez bien le tout ensemble y versant peu à peu de lait en remuant toûjours & délayant la pâte : vous y mettrez ainsi trois chopines de lait, vous verserez le tout dans un chaudron & le mettrez sur le feu la faisant bien boüillir: Vous ne cesserez de la remuer ou tourner avec une cueillere

jusqu'à ce qu'elle soit cuite. Elle ne
sera guere moins d'une heure à cuire
& vous connoîtrez la cuisson en ce
qu'elle s'épaissira.

§. II. *Opiate en poudre pour nettoyer*
les dents.

VOus prendrez une demi livre de
brique que vous pilerez au mortier & la passerez bien fine par le Tamis, & la mettrez à part, quatre onces de porcelaines que vous mettrez
en poudre de la même maniere que la
brique, une once de corail que vous
pilerez & mettrez aussi en poudre :
vous mêlerez vos trois poudres ensemble ; vous y verserez ensuite un filet d'essence de Canelle, autant de cello
de Gerofle & mêlerez bien le tout ensemble, & sera fait.

Autre maniere.

PRenez une demi livre de brique,
quatre onces de porcelaines, &
demi once de canelle, & pilé le tout
ensemble & le passé au Tamis bien fin,
jusqu'à la consommation du tout ou
à peu prés, & sera fait.

Autre maniere.

UNe demi livre de brique, quatre
onces de porcelaines, une once de

Corail, deux gros de Canelle, un gros de clou de Gerofle, deux gros d'Alum calciné, demi once de croûte de pain brûlé, une once de Conserve de Rose: vous pilerez le tout ensemble, & le passerez au Tamis bien fin, & sera fait.

Opiat liquide.

POur faire l'Opiat liquide il se faut servir de Sirop de griottes, parce qu'il ne se desseiche pas : vous mettrez donc du Sirop de griottes la quantité que vous voudrez dans un pot de fayence, & vous mettrez dans ce Sirop à discretion de l'Opiat en poudre, de celuy que vous voudrez, & le mêlerez bien avec une spatule, & s'il vous semble trop liquide vous augmenterez la poudre, que s'il vous paroît trop épais vous y ajoûterez du Sirop, & étant bien mêlé, sera fait.

Lors que vous voudrez vous en servir vous en mettrez dans un petit pot de fayence, & vous y ajoûterez si vous voulez un petit filet d'essence d'Ambre, ou de Gerofle, ou de Canelle, & il sera d'une odeur & d'un goût fort agreable.

TRAITE'

TRAITÉ

DES PARFUMS BONS
pour la bouche.

Essence d'Ambre.

Vous mettrez dans une bouteille de gros verre une chopine d'esprit de vin tout du meilleur, vous pilerez ensuite dans le petit mortier un gros d'Ambre gris ou noir, & le mettrez dans l'esprit de vin : vous y mettrez aussi un demi gros de veslie de Musc coupé bien menu, ensuite bouchés bien la bouteille & la mettez au Soleil posée sur du sable dans les chaleurs de l'Eté, & pendant quinze jours vous remuerez bien la bouteille deux ou trois fois par jour, dans le temps que le Soleil donnera dessus, afin que l'Ambre ne s'attache pas au fonds,

E

mais au contraire qu'il se fonde & qu'il
repande son odeur dans l'esprit de vin :
vous aurez soin de retirer la bouteille
de la pluïe & le sable aussi sur lequel
elle sera posée , car le sable étant
échaufé aide beaucoup à cuire les compositions que l'on expose au Soleil ;
vous observerez aussi de laisser au
moins trois doigts de vüide à la bouteille , pour éviter qu'elle ne casse par
la force de l'esprit de vin , & au bout
d'un mois vous la retirerez , & sera
faite. On choisit ordinairement le
temps de la canicule pour faire cette
Essence.

Si vous en voulés moins faire, vous
pouvés diminuer ce qui la compose par
moitié ; ou par quart , ou huitiéme
partie , & pour l'augmentation de
même.

Essence d'Hypocras.

VOus mettrez une demi chopine
d'esprit de vin dans une bouteille
de gros verre , ensuite vous y mettrez
une demi once de clou de Gerofle concaffé , une once de Canelle concassée,
un gros de Gingembre concassé , &

une bonne pincée de Coriante con-
caſſée auſſi , enſuite pilé dans le petit
mortier trois ou quatre grains d'Ambre gris ou noir , & les mettrez dans
la bouteille ; bouché la bien & l'expo-
ſé au Soleil poſée ſur du ſable dans les
chaleurs de l'Eté pendant un mois ,
vous aurez ſoin de la retirer de la pluïe,
& vous laiſſerez au moins deux doigts
de vuide à la bouteille pour éviter
qu'elle ne caſſe , & au bout du temps
vous la retirerez pour vous en ſervir
au beſoin.

Cachou Ambré pour la bouche.

V Ous pilerez quatre onces de Cachou & dix grains de Muſc enſemble dans le petit mortier & les paſ-
ſerez au Tamis de crain , repilant ce
qui ne ſera pas paſſé & le repaſſant juſqu'à la conſommation du tout : vous
ferez enſuite chaufer le cul du petit
mortier & le bout de ſon pilon , &
délayerez par la chaleur dudit mortier
dix-huit grains d'Ambre gris , y ajoûtant un filet d'eſſence d'Ambre & gros
comme une groſſe noix de gomme
Adragant, qui aura été détrempée avec

de l'eau de fleurs d'Orange, & délayant
ainsi le tout ensemble, vous y mettrez
peu à peu vôtre poudre de Cachou,
vous la mêlerez assez longs-temps &
la pilerez bien, afin que l'Ambre soit
mêlé par tout : & la pâte étant bien
faite vous le formerez promptement.

Pour le former vous en prendrez un
morceau gros comme une noix dans la
main, & le ferez pointu par le bout
& vous en prendrez une petite miette
à la fois, que vous tordrés avec deux
doigts, & enfin vous le rendrez comme de petites crottes de souris, & pour
empêcher qu'il ne s'attache à vos
doigts en le formant, vous les frote-
rés un peu avec de l'essence de fleurs
d'Orange.

Pastilles de bouche parfumée.

VOus prendrés une livre de sucre
Royal que vous pilerés dans le
petit mortier avec douze grains de
Musc, & ensuite vous le passerés au
Tamis de crain, & vous repilerés ce
qui sera resté, & vous le repasserés
jusqu'à ce que le tout soit passé &
consummé ; puis vous ferés détremper

dans de l'eau de fleurs d'Orange une petite poignée de gomme Adragant du jour au lendemain, & la passerés de force au travers d'un linge qui ne sera ny trop gros ny trop fin. Vous mettrés ensuite vôtre gomme dans vôtre sucre en poudre y ajoûtant deux gros d'essence d'Ambre, & manierés bien le tout ensemble pour former la pâte. Vous l'aplatirés avec un rouleau & taillerés vos Pastilles à vôtre gré, & à mesures qu'elles seront taillées vous les mettrés seicher sur du papier à l'air. Si c'est l'Eté vous les couvrirés d'un autre papier de peur des Mouches, & ne les serrés pas qu'elles ne soient bien seiches.

Les moûles dont l'on se sert pour tailler les Pastilles sont de fer blanc; ils sont faits comme si c'étoit un cornet ou étuy à mettre le doigt; de sorte qu'appuyant par un bout sur la pâte qui est mince, en tournant le moûle la Pastille demeure dedans & en soufflant par l'autre bout elle sort du moûle.

Hypocras excellent & parfumé.

PRenez une demi livre de sucre &
le cassés ou le raspés & le mettés
dans un bassin, ensuite versés sur ledit
sucre une pinte de vin ; le plus vieil &
le plus foncé en couleur est le meilleur,
remués doucement vôtre sucre avec
une cueillere pour le faire fondre, &
étant fondu passé vôtre vin par la
chause cinq ou six fois, étant clarifié
versez-y un petit filet d'essence d'Hypocras & le remués avec la cueillere.
Goûté s'il est assez fort, & s'il ne l'est
pas, versez-y encore quelque larmes
de vôtre essence, & sera fait. Vous le
verserés promptement dans une bouteille qui sera bouchée à l'instant, afin
qu'il ne s'évante pas. La maniere en est
prompte, & il est meilleur que l'on ne
le peut faire par infusion.

Rossoly ou liqueur parfumée.

VOus mettrés dans une bassine de
cuivre rouge sur le feu deux pintes d'eau, & deux livres de sucre que
vous ferés bouillir jusqu'à la diminution d'un quart. Ensuite vous y verse-

rés deux cueillerées d'eau de fleurs
d'Orange, & ayant encore bouilli un
moment vous y jetterés un blanc d'œuf
avec la coquille, que vous aurés auparavant rompuë & foüettée avec un
brin de verge : vous remuerés bien le
blanc d'œuf dans vôtre liqueur avec le
brin de verge, & lors qu'elle commencera à bouillir vous la tirerés du
feu & la passerés par la chause plusieurs fois : & étant clarifié vous y
verserés de bonne eau de vie à discretion selon la force que vous luy voudrés donner. Puis vous y verserés de
l'essence d'Ambre selon vôtre goût,
plus ou moins, ou bien de l'essence
d'Hypocras, & sera faite.

Autre liqueur parfumée.

FAites fondre une livre de sucre dans
une pinte de vin vieil comme si
vous vouliez faire de l'Hypocras, &
le passés par la chause plusieurs fois.
Ensuite versez y de bonne eau de vie
à discretion selon la force que vous
luy voudrez donner. Puis y versez de
l'essence d'Hypocras ou de l'essence
d'Ambre à discretion selon vôtre goût,
& sera fait.

TRAITE'
DES EAUX DE SENTEURS.

Eau d'Ange boüillie.

DAns un coquemart de terre où vous aurez mis trois pintes d'eau , vous y mettrez une livre de Benjoin concassé , une demi livre de Storax concassé , une once de Canelle pilée , demi once de clou de Gerofle pilé , deux Citrons coupés en quatre, deux ou trois morceaux de Calamus. Ensuite vous mettrez le coquemart auprés du feu , & le couvrirés & le ferés bouillir jusqu'à la diminution d'un quart : puis vous verserés l'eau dans un bassin & la laisserés refroidir avant de la serrer dans des bouteilles.

Si vous avez besoin de plus grande

quantité de cette eau, rempliffés le coquemart comme la premiere fois, &
la faites encore boüillir de même, cette
feconde eau fera prefque auffi bonne
que la premiere & vous les pourrés
mêler enfemble.

Enfuite vous retirerés le Mart qui
fera au fonds du coquemart avant que
d'être refroidy & le mettrés feicher,
vous en ferés enfuite des Paftilles comme vous verrés dans les articles fui-
vans ou vous vous en fervirés dans les
compofitions où il en eft neceffaire,
ainfi que je l'ay dit dans le traité des
Savonettes.

Autre maniere.

VOus mettrés dans le Coquemart
trois chopines d'eau de fleur
d'Orange & trois chopines d'eau de
Rozes : vous y mettrés enfuite les
mêmes drogues & la même quantité
qu'à l'eau d'Ange précedente, à la
referve du Citron qu'il ne faut pas :
vous y ajouterés de plus une veffie de
Mufc, vous la ferés cuire de la même
maniere, & après avoir tiré l'eau vous
tirerés le mart, & le mettrés feicher

pour en faire des Paſtilles à brûler.

Eau de mille Fleurs.

VOus mettrés dans une bouteille de vetre une pinte de bonne eau d'Ange : vous pilerés enſuite douze grains de Muſc dans le petit mortier & le delayerés avec un peu de cette eau d'Ange, & verſerés le tout dans la bouteille que vous boucherés bien & que vous reſerverés pour le beſoin.

Vous pourrez au lieu de Muſc y mettre un gros de veſſie de Muſc coupée par petits morceaux & ſera bonne.

Eau d'Ange diſtilée au bain marie.

IL faut avoir un Alambic de verre, qui eſt de trois pieces ; ſçavoir la bombe, le chapiteau, & le matras ; il faut auſſi un fourneau pour y faire du feu de charbon & un chaudron ou autre vaiſſeau ſemblable aſſez profond pour mettre l'eau & l'Alambic : vous colerez du papier double au tour de la bombe, à l'endroit ou poſe le chapiteau, & vous poſerez le matras au bout de la canulle pour recevoir la diſtillation.

Vous mettrez dans la bombe une pinte d'eau, vous y mettrez enfuite quatre onces de Benjoin concaffé, deux onces de Storax concaffé, demi once de Canelle pilée, deux gros de clou de Gerofle pilé, un morceau de Calamus, un gros de veffie de Mufc, & l'eau qui fe diftillera fera tres odoriferante & bien claire ; & le mart qui reftera aprés la diftillation faite fera mis à l'air pour feicher, & on le pourra employer parmi les Paftilles à brûler.

Eau d'œillet.

VOus mettrez dans l'Alambic de verre au bain marie comme deffus une pinte d'eau & deux onces de clou de Gerofle concaffé ; & l'eau qui fe diftillera fera d'une odeur bien agreable, parce que la force du clou de Gerofle étant adoucie au moyen de l'eau, tire plus fur l'œillet que fur le Gerofle.

Eau de Canelle.

VOus mettrez dans l'Alambic de verre comme deſſus une pinte d'eau & deux onces de Canelle con-caſſée, & l'eau qui ſe diſtillera en aura l'odeur bien naturelle.

Eau de Tain.

VOus mettrez comme deſſus une pinte d'eau dans l'Alambic de verre avec deux poignées de Tain, & l'eau qui ſe diſtillera en aura l'odeur.

Toutes les herbes Aromatiques ſe peuvent diſtiller de la même maniere. Comme ce ſont des herbes fortes qui gardent leurs odeurs auſſi bien étant ſeiches que vertes, il eſt aiſé par la maniere cy-deſſus écrite d'en tirer de l'eau.

Eau de fleurs d'Orange diſtilée au re-frigeratoire.

VOus mettrez infuſer deux livres de fleurs d'Oranges dans deux pintes d'eau l'eſpace de trois heures;

enfuite vous mettrez le tout dans l'A-
lambic & ferez grand feu deſſous, &
vous mettrez un matras ou bouteille
à longs goulot pour recevoir l'eau qui
ſe diſtillera de la canulle, vous aurez
ſoin de fournir d'eau fraîche dans le
refrigeratoire, & auſſi-tôt qu'elle ſera
chaude de la renouveller, car c'eſt la
fraîcheur d'enhaut qui attire la diſtillation, & qui empêche que l'eau ne
ſente le feu & pour empêcher qu'elle
ne ſente le fruit, il faut que vos fleurs
ſoient fraîchement ceueillies & ſoient
bien ſeiches, & lors que vôtre eau
ſera tirée vous vous en apercevrez à
ce que la diſtillation finira, & qu'elle
commencera à ſentir le brûlé, & pour
en tirer l'eſſence voyez les Articles des
Eſſences fortes.

Si vous voulez que vôtre eau ſoit
plus forte d'odeur, il ne s'agit que de
mettre ſi peu d'eau que vous voudrez,
car moins vous en mettrez & plus elle
ſera forte, mais il faudra pour éviter
que les fleurs ne s'attachent au fonds,
mettre du ſable au fonds de l'Alambic
& faire moins de feu.

'Autre maniere.

VOus mettrez infuſer deux livres
de fleurs d'Orange ſeiches dans
deux pintes d'eau pendant trois ou
quatre heures : enſuite vous mettrez
le tout dans l'Alambic & le ferez diſtiller comme il eſt expliqué au prece-
dent Article, l'eau qui en provient eſt
propre à bien des choſes, car elle eſt
bonne pour employer dans les Savonettes, dans l'eau d'Ange, à purger
le Tabac, & toutes ſortes de Peaux &
Gands.

Eau de Roze.

VOus ferez infuſer trois livres de
Rozes dans deux pintes d'eau
pendant deux ou trois heures, enſuite
vous les mettrez diſtiller dans l'Alambic tout comme les fleurs d'Oranges
fraîches, & vous y obſerverez toutes
les mêmes circonſtances : car l'une ſe
fait comme l'autre, & on peut diminuer l'eau ſi on veut la faire plus forte;
mais comme l'eau de Rozes s'employe
dans la purgation du Tabac par quantité, auſſi bien que l'eau de fleurs d'O-

range , il est necessaire d'en tirer suffisamment quand c'est pour cet usage :
Lors que ce sera pour l'employer autrement , vous la ferés si forte que
vous voudrés ainsi que je l'ay dit cy-
devant.

Eau de la Reine d'Hongrie.

VOus mettrés dans une bouteille
de verre fort , deux pintes d'esprit de vin , deux bonnes poignées de
feuilles de Romarin , une poignée de
Tain , une demi poignée de Marjolaine de laquelle vous ne prendrés que la
feuille , & autant de Sauge que de
Marjolaine, bouchés bien la bouteille,
& la mettés auSoleil l'espace d'un mois.
Ensuite vous delayerés gros comme
une féve d'Orcanet avec un peu d'esprit de vin en l'écrasant & le verserés
dans vôtre bouteille & la remettrés
cinq ou six jours au Soleil , & sera
faite. Elle sera d'un beau rouge & aura beaucoup de vertu & sera d'une
bonne odeur.

§. I. *Maniere de faire les Paſtilles*
à bruler.

Paſtilles communes.

VOus mettrés dans le mortier une
livre de Benjoin commun, demi
once de clou de Gerofle, deux gros
de Canelle, un morceau de Calamus,
vous pilerés le tout enſemble & le
paſſerés au Tamis de crin: enſuite vous
ferés détremper de la gomme Adragant avec de l'eau commune : & vous
mettrés dans le mortier la poudre que
vous aurez paſſé avec une écuellée de
cette gomme & vous les mêlerez &
pilerez enſemble pour former la pâte.
Si vous trouvés que vôtre pâte ſoit
trop molle, vous y remettrez de la
poudre ; ainſi la pâte eſt aiſée à faire.
Il ne s'agit aprés que d'applatir vôtre
pâte avec un rouleau, & de tailler
vos Paſtilles avec le moûle, ainſi que
j'ay dit dans l'Article des Paſtilles de
bouche & les mettrez ſeicher, & ſeront faites.

Paſtilles

Paftilles de Rozes & Oifelets.

VOus pilerez & pafferez au Tamis.
de crin une livre de mart d'eau
d'Ange, de celuy qui fera forti de
l'eau d'Ange du premier Article des
Eaux ; & du quel vous ôterez les Citrons, & étant reduit en poudre vous
le mettrez dans le mortier, y ajoûtant
une poignée de feüilles de Rozes fraîches ceueillie, & une écuellée de gomme Adragant détrempée avec de l'eau
de Rozes, vous pilerez le tout enfemble affez longs-temps pour bien former la pâte, vous l'applatirez avec un
rouleau & la couperez avec un couteau par tablettes comme vous voudrez.

Pour en faire des Oifelets vous en
prendrez des morceaux que vous rou-
lerez dans les mains comme un bout
de bougie, longs comme le doigt,
auquel vous ferez un bout un peu
large pour le faire tenir debout : &
les mettrez feicher. Ces fortes de Paftilles s'allument comme une Chandelle
& brûlent jufqu'à la fin fans s'éteindre

E

& produisent une fumée d'une trés
bonne odeur.

Pastilles d'Espagne.

VOus pilerez & mettrez en poudre, passée au Tamis de crin le
matt de l'eau d'Ange, du second Article de l'eau d'Ange, & vous ferez détremper de la gomme Adragant avec
de l'eau de fleurs d'Orange, & vous
en ferez une pâte dans le mortier avec
vôtre poudre, vous taillerez ensuite
vos Pastilles avec les moûles & les mettrez seicher, & seront faites.

Autre manière.

VOus mettrez dans le mortier une
livre de Benjoin, demi livre de
Storax bien sec, demi once de Canelle,
deux gros de Gerofle, deux onces de
Rozes de provin, & un morceau de
Calamus, vous pilerez le tout ensemble & le passerez au Tamis de crin,
jusqu'à ce que le tout soit consommé,
vous ferez ensuite détremper de la
gomme Adragant avec de l'eau de
Mille-fleurs & de l'eau de fleurs d'O-
range, autant de l'une que de l'autre,

puis vous ferez vôtre pâte dans le
mortier avec vôtre poudre & vôtre
gomme comme à l'ordinaire, puis vous
les taillerez à vôtre gré & les mettrez
seicher, & feront faites..

Pastilles de Portugal..

VOus pilerez & passerez au Tamis
de crin une livre du meilleur
mart. d'eau d'Ange que vous ayez; ensuite faites détremper de la gomme
Adragant avec de l'eau de fleurs d'O-
range:& faites vôtre pâte dans lo mortier avec vôtre poudre & vôtre gomme comme à l'ordinaire, à l'exception
qu'il faut faire vôtre pâte un peu plus
ferme..

Vous ferez ensuite rhaufer le cul du
petit mortier & le bout de son pilon,
& faites fondre par sa chaleur vingt
grains d'Ambre, il n'importe du quel
& y ajoûterez un filet d'eau de Mille-
fleurs pour le dilayer, vous augmenterez cette eau jusqu'à la quantité d'un
demi verre, ensuite vous mettrez vôtre mortier sur un rechaut de feu, &
vôtre composition étant chaude vous
la verserez sur vôtre pâte & la mêlerez:

E 2

bien, .. .era faite ; vous taillerez vos
Paſtilles avec les moûles comme à l'ordinaire & les mettrez ſeicher.

Maniere de détremper la gomme pour faire les pâtes des Paſtilles.

VOus mettrez détremper vôtre
gomme en telle eau que vous
voudrez , mais il faut que l'eau ne la
ſurpaſſe que de la hauteur d'un travers
de doigt , parce qu'il ne la faut pas
noyer tout d'un coup , & lors qu'elle
aura beu l'eau vous en ajoûterez encore , & ainſi peu à peu juſqu'à ce
qu'elle ſoit détrempée , non pas trop
liquide , mais ſeulement bien molette
& bien détrempée , & vous vous en
ſervirez.

§. II. *Maniere de faire les Pâtes par-fumées pour Chapelets & Medailles.*

PRenez de la poudre fine à la Maréchalle & en faites une Pâte avec
de la gomme Adragant & Arabic détrempée avec de l'eau de Mille-fleurs ,
& ſi vôtre pâte ſe trouvoit trop molle,
vous y ajoûterez de la poudre , & ſi
elle ſe trouvoit trop ferme , ou qu'elle

ne se peut lier vous y mettrez de la gomme, il ny va que du plus ou du moins de l'un ou de l'autre ; il faut un peu frotter les moûles avec de l'essence de fleurs, afin que la pâte ne s'y attache pas : cette pâte est couleur de caffé.

Autre maniere.

VOus prendrez du Parfum à parfumer les autres poudres, & vous en ferez une pâte avec de la gomme qui aura été détrempée avec de l'eau de fleurs d'Orange, dans laquelle vous aurez mis un filet d'essence d'Ambre ; cette pâte sera blanche, & en y ajoûtant du vermillon vous la ferez si rouge que vous voudrez, & pour la faire jaune ou blonde, il y faut ajoûter de l'Ocre jaune passé bien fin.

Autre maniere.

PRenés moitié poudre de Cipre parfumée & moitié poudre de Franchipanne, & en faites une pâte avec de la gomme détrempée avec de l'eau de Mille-fleurs : cette pâte est grize & d'une agreable odeur.

Autre maniere.

PRenez de la poudre fine à la Maréchalle, & la moitié d'autant de
nurt d'eau d'Ange paſſé bien fin & en
faite une pâte avec de la gomme détrempée en l'eau de Mille-fleurs : cette
pâte ſera bonne.

Autre maniere.

PRenez de la poudre de Cipre parfumée, de la poudre de Franchipanne, & du Parfum à parfumer les
autres poudres, autant de l'une que
de l'autre : & en faite une pâte avec de
la gomme détrempée avec de l'eau de
fleurs d'Orange, dans laquelle vous
aurez verſé un filet d'eſſence d'Ambre.
Cette pâte ſera d'un gris cendré fort
beau, & d'une odeur douce & agreable.

Il ſera aiſé de rendre toute ces ſortes de pâtes, d'auſſi bonnes & auſſi
fortes odeurs que l'on voudra, en augmentant l'Ambre, le Muſc, & la
Civette, ſoit dans les poudres, ou
dans les eaux avec leſquelles on détrempe la gomme.

Maniere d'apprester la gomme pour les pâtes cy-dessus.

IL faut détremper la gomme Adragant, de la même manière qu'il est
expliqué à l'Article qui precede les
pâtes cy-dessus, & ajoûter sur une
écuellée de cette gomme, un demi
verre d'eau de gomme Arabic assez
épaisse, & les mêler ensemble, &
vous en servir pour faire vos pâtes.

TRAITE'

DES GROSSES POUDRES.
à la Maréchalle & de tou-
tes les manieres de
s'en servir.

Groſſe Poudre à la Maréchalle.

Ous prendrez une livre d'Iris,
douze onces de fleurs d'Orange
ſeiches, quatre onces de Coriante,
demi livre de Roze de provin, deux
onces de mart d'eau d'Ange, une once
de Calamus, deux onces de Souchet,
demi once de clou de Gerofle, vous
concaſſerez bien toutes ſes drogues
dans le mortier l'une aprés l'autre, &
enſuite vous les mêlerez ſi bien enſemble qu'il n'y ait pas plus d'une
drogue à un endroit qu'à l'autre, &
ſera faite.

Autre

Autre manière.

VOus prendrez douze onces d'Iris, demi livre de fleurs d'Orange seiche, quatre onces de Rozes de provin, quatre onces de bois de Rozes, une once de Benjoin, une demi once de Storax, demi once d'écorce de Citron seiche, demi once d'écorce d'Orange seiche, demi once de Marjolaine seiche, une once de Souchet, demi once de Calamus, deux gros de Canelle, demi once de clou de Gerofle, deux onces de bois de Sendal Citrain. Vous concasserez toutes ses drogues l'une aprés l'autre dans le mortier, puis vous les mélerez bien ensemble, & sera faite.

Autre manière.

VOus prendrez une livre d'Iris, demi livre de fleurs d'Orange seiche, quatre onces de Rozes de provin, deux onces de bois de Sendal Citrain, une once d'écorce de Citron seiche, demi once d'écorce d'Orange seiche, demi once de Marjolaine, demi once de Lavande seiche, une

G

once de Calamus, deux onces de Souchet, une once de Benjoin; demi once
de Storax, demi once de Labdanum.
Vous concasserez toutes ses drogues
dans le mortier l'une aprés l'autre, &
ensuite vous les mêlerez bien ensemble, & sera faite. On peut ajoûter si
l'on veut dans toutes ses poudres des
bois de senteurs.

Pot pourri pour faire des Sachets.

VOus prendrez douze onces de
Rozes communes éfeüillées, une
livre & demi de Lavande de laquelle
vous ne prendrez que la graine, douze
onces de Marjolaine de laquelle vous
ne prendrez que les feüilles, six onces
de Tain du quel vous prendrez aussi les
feüilles, quatre onces de feüilles de
Mirthe, quatre onces de Melilot du
quel vous prendrez aussi les feüilles,
une once de feüilles de Romarin; une
once de feüille de Laurier, deux onces
de clou de Gerofle à moitié pilé, une
livre de feüille de Rozes muscades, le
plus de fleurs d'Orange que vous pourrez, des feüilles d'œillets de même

quantité que de fleurs d'Orange, vous
mettrez le tout dans un pot faisant une
couche de fleurs & une couche de sel,
vous ferez ainsi, jusqu'à ce que le pot
soit rempli de tout ce qui est cy-dessus
nommé ; vous le boucherez bien & le
remuerez avec un bâton de deux jours
l'un, le mettant pendant la chaleur de
l'Eté au Soleil ; il faut avoir soin de le
retirer de la pluye & du serain, & au
bout d'un an on en fait des Sachets,
y ajoûtant à discretion de la poudre de
Cipre parfumée.

Boutons de Rozes.

VOus prendrez telle quantité de
boutons de Rozes que vous voudrez, les plus fermez, vous arrache-
cherez les boutons vers, & vous mettrez à la place de chatun un clou de
Gerofle, & les mettrez seicher au Soleil entre deux papiers, ils seront propres à mettre dans les Sachets & dans
les poudres dont ils sont composez.

Vous pouvé aussi les exposer au
Soleil dans un vaisseau de terre couvert de papier & les arrouser les pre-

miers jours de bonne eau d'Ange, &
étant fecs vous vous en fervirez comme deffus.

Fleurs d'Oranges fiiche.

VOus mettrez la quantité que vous
voudrez de fleurs d'Orange feicher au Soleil entre deux papiers bien
clos tout au tour, & étant feiches les
garder pour vous en fervir au befoin.

Sachets de fenteurs.

VOus prendrés telle étoffe de Soye
qu'il vous plaira Taffetas ou autre, & vous ferez vos Sachets de la
largeur de demi tiers en quarré, &
vous les coudrez tout au tour à la referve d'environ quatre doigts par où
vous ferez entrer douze onces ou environ de groffe poudre à la Maréchalle,
telle que vous la voudrez choifir, &
vous acheverez de coudre vos Sachets, & feront fait.
　Lors qu'au bout d'un temps l'odeur
de vos Sachets fera diminuée, tirez en
la poudre & faite la piler dans le mor-

tier & la remettés dans vos Sachets,
& elle aura l'odeur comme la premiere
fois.

Autre maniere.

VOus taillerez vôtre étoffe comme cy-deſſus, & ſur la moitié de
ladite étoffe vous ſemerez de la groſſe
poudre à la Maréchalle, puis vous y
mettrez deſſus un lit de cotton parfumé épais d'un pouce, & vous jetterez
ſur le cotton de la même poudre, vous
renverſerez enſuite l'autre moitié
d'étoffe par deſſus le tout, & le coudrez tout au tour ſans le remuër, puis
vous le piquerés en matelats, & ſera
fait. Vous pourrés orner les quatre
coins avec des houpes ou des faveurs.

Sachets pour porter ſur ſoy.

VOus prendrés de l'étoffe de Soye
un peu jolie, & vous ferés vos
Sachets de la grandeur de quatre
doigts, un peu plus longs que larges,
vous frotterés enſuite l'envers de l'é-
toffe avec un peu de Civette aſſez lé-

gerement , puis vous les remplirez de
grosse poudre à la Maréchalle , celle
que vous voudrez choisir, à laquelle
vous ajoûterez un peu de clou de Gerofle & un peu de bois de Sendal Citrain bien pilés , parce que cela re-
veille bien l'odeur & la change. Vos
Sachets étant remplis vous acheverés
de les coudre & les ornerés tout au
tour de faveurs par bouillons d'une
couleur convenable à l'étoffe , & seront faits.

Autre maniere.

VOus ferés vos Sachets de la grandeur de quatre doigts , & de si
belle étoffe que vous voudrez , & auparavant que de les remplir vous ferez
la composition suivante.

Vous broyerez dans le petit mortier
huit grains de Musc, y ajoûtant un
petit filet d'eau de Mille-fleurs : vous y
ajoûterez ensuite quatre grains de Civette , que vous broyerez avec le
Musc, vous y verserez aussi un filet
de baume du Perou ; & une cuillerée
d'eau de Mille-fleurs , & ayant bien
mêlé le tout ensemble avec le pilon

vous en frotterez légerement l'envers
de vos Sachets, puis vous les emplirez
de la composition du pot pourri & de
poudre de Cipre parfumée mêlés ensemble, & acheverez de clore vos
Sachets, vous les ornerez tout au
tour de faveur comme les precedents.

Autre maniere.

VOus prendrez toute la plus belle
étoffe que vous aurez, & vous
ferez vos Sachets un peu plus grands
que les precedents, & lors qu'ils feront prêts à emplir vous ferez la composition suivante.

Vous ferez chaufer le cul du petit
mortier & vous ferez fondre par sa
chaleur huit grains d'Ambre : étant
fondus vous y mêlerez quatre grains
de Civette en broyant avec le pilon :
puis vous y verserez peu à peu deux
cueillerée d'eau de Mille-fleurs dans
laquelle vous aurez auparavant fait
détremper gros comme un pois de
gomme Arabic ; vous frotterez légerement l'envers de vos Sachets de cette
composition, puis vous les emplirez

de poudre de Cipre & de Franchipanne parfumée, autant de l'une que de l'autre, dans lesquelles vous aurez mis plusieurs petits morceaux de vessie de Musc, & finirez vos Sachets, vous les ornerez de faveurs comme les precedents, & seront fait.

Manne d'Ozier parfumée pour mettre les habits des Dames.

VOus prendrez une manne d'Ozier fin de la grandeur que vous voudrez, vous prendrez ensuite du Taffetas ce que vous jugerez qu'il en faut pour la garnir, vous étendrez vôtre Taffetas sur un Métier à broder, & vous mettrez sur le Taffetas un lit de Cotton parfumé épais de deux écus : puis vous jetterez sur ce Cotton de la grosse poudre à la Maréchalle bien également, ajoûtant par dessus cette poudre un peu de bois de Sendal Citrain bien pilé, puis vous couvrirez le tout d'un autre Taffetas & vous le piquerez ensuite par petits carreaux ; ce qui étant fait, vous taillerez vôtre étoffe de la grandeur du fonds de vô-

tre manne & des côtez aussi bien que
du couvercle, & vous borderez toutes les coupures avec un galon de Soye
de la couleur de l'Etoffe. Toutes les
parties étant jointes ensemble vous
les mettrez dans la manne & les y
coudrez à plusieurs endroits, & sera
faite.

Poches parfumées pour les Dames.

LA même Etoffe composition & pi-
qures cy-dessus sert pour faire les
Poches parfumées. Il ne s'agit que de
tailler l'étoffe en forme de poche, bor-
der les coupures avec du galon, & elles
seront faites.

Boîtes à Perruque parfumées.

VOus ferez faire la boîte à Perruque d'un bois de l'épaisseur d'un
écus, longue d'une demi aulne ou environ, ronde par les bouts & étoite
à proportion d'une Perruque. Ensuite
pour faire la garniture vous étendrez
sur un Métier à Broder un morceau de
Taffetas & sur ce Taffetas un lit de
Cotton parfumé, d'une bonne odeur,
bien mince & bien égal, & sur ce

Cotton vous semerez de la meilleure
poudre à la Maréchalle que vous ayez
& dont les morceaux ne seront pas
trop gros, & par dessus cette poudre
vous y semerez un peu de bois de Sendal Citrain pilé bien menu, vous couvrirez ensuite le tout avec un morceau
de Tabit du plus beau, qui aura été
frotté par l'envers avec la composition
suivante : vous piquerez vôtre étoffe
par carreaux & taillée ensuite à proportion du fonds, du tour, & du dedans du couvercle de la boîte, & par
aprés vous borderez les coupures avec
du galon de Soye de la couleur du Tabit & en ferez garnir le dedans de vôtre boîte, tout le dehors de la boîte
doit-être couvert de peau de senteur,
& toutes les coupures & bordures de
la peau doivent être couverts d'un
galon d'or ou d'argent, & la serrure
& la clef dorée.

Composition pour frotter l'envers du
Tabit.

VOus ferez chaufer le cul du petit
mortier & ferez fondre par sa
chaleur dix grains d'Ambre en le re-

muant avec le pilon y verſant un filet d'eau de fleurs d'Orange , vous y ajoûterez ſix grains de Civette , & ayant bien mêlé le tout enſemble , vous y verſerés deux cueillerée d'eau de Mille-fleurs dans laquelle vous aurez fait détremper gros comme un pois de gomme Arabic : le tout étant bien mêlé vous en frotterez l'envers de vôtre Tabit bien légerement avec un petit morceau d'éponge , & ſera fait.

Boîtes parfumées pour mettre le Linge.

LEs Boîtes pour le linge ſe garniſſent & ſe couvrent de la même maniere , & du même Parfum que les boîtes à perruques ; il n'y a de difference que la façon de la boîte qui eſt faite en maniere d'un petit coffre , & pour la grandeur on ne les fait d'ordinaire que d'une grandeur capable de renfermer tout le menu linge d'un jour ou deux d'une perſonne de qualité.

Toilette de senteur.

LEs Toilettes de senteur se font de
deux manieres, la premiere est celle-
cy qui ne differe en rien à la garniture
des boîtes à Perruques, il faut assembler
vôtre étoffe de la grandeur dont vous
voulés la Toilette, & l'étendre sur un
Métier à Broder, & la garnir d'un lit
de Cotton parfumé & mettre la poudre par dessus : & couvrir le tout d'une
étoffe telle que vous voudrez & la piquer. Si l'étoffe de laquelle vous faites
le dessus n'étoit pas assez épaissé pour
supporter la composition de laquelle
vous la frottés, vous augmenterez cette
composition avec de l'eau de Mille-
fleurs & vous la ferez boire à une suffisante quantité de Cotton que vous
laisserez en aprés seicher, puis vous en
ferez un lit bien mince & bien égal
par dessus la poudre que vous aurez
mise, ou du moins vous en mettrez
à plusieurs endroits : & vous couvrirez le tout de vôtre étoffe, & la piquerez de la maniere qu'il vous plaira,
& sera faite.

Toilettes de senteur de Montpellier.

VOus prendrez de la Toille neuve
bien forte & peu ferrée, & vous
la couperez de la grandeur que vous
voudrez faire vos Toilettes, & les
ferez tremper & bien laver dans plufieurs eaux, puis les mettrez feicher,
& étant feiches vous les mettrez tremper dans de l'eau d'Ange du jour au
lendemain & les remettrez feicher.
Vous aprêterez enfuite la compofition
fuivante.

Deux livres d'Iris, une livre de racine de Campanne, deux onces de
bois de Rozes, quatre onces de Sendal Citrain, une once de Calamus,
deux onces de Souchet, demi once de
Canelle, deux gros de clou de Gerofle, & une demi once de Labdanum.
Vous mettrez toutes ces drogues en
poudre paffée au Tamis de crin, l'une
aprés l'autre, & enfuite vous les mêlerez enfemble, & les mettrez dans le
mortier avec de la gomme Adragant
que vous aurez fait détremper avec de
l'eau d'Ange, il faut que la gomme
foit claire, & qu'il y ait beaucoup

d'eau afin que la pâte en soit claire ;
vous frotterez vos Toilles avec cette
pâte des deux côtez le plus fort que
vous pourrez, afin que la pâte penetre
& s'attache à la Toille : vous y laisserez tout ce qui si attachera, les ren-
dant les plus unies que vous pourrez;
& ensuite vous les mettrez seicher, &
lors qu'elles seront presque seiches,
vous prendrez une éponge que vous
tremperez dans de l'eau d'Ange, &
vous en frotterez vos Toilles pour les
rendres unies : puis vous les mettrez
derechef seicher, & seront faites.

Il faudra lors qu'elles seront seiches
les plier dans les plis où vous voudrés
qu'elles demeurent. Ces sortes de Toilettes s'enferment entre deux étoffes
telle que l'on veut.

Autre composition de Toillettes.

LEs Toilles étant lavées & purgées
& seiches comme cy-devant, vous
ferez la composition suivantr.

Deux livres d'Iris, une livre de racine de Campanne, deux onces d'é-
corce de Citron seiche, une once d'é-
corce d'Orange seiche, une once de

clou de Gerôfle, demi livre de Benjoin, quatre onces de Storax, deux onces de Souchet, une once de Calamus, deux onces de Labdanum, toutes ses drogues seront mises en poudre passée au Tamis de crin, l'un après l'autre, puis vous les mêlerez ensemble & vous en ferés une pâte claire comme à l'Article précedent, vous en frotterez vos Toilles & les finirez de même, & seront faites.

§. I. *Composition pour porter sur soy.*

BRoyés dans le petit mortier gros comme un pois de Benjoin, versez-y un filet de Beaume du Perou, puis y ajoûtés quatre grains de Civette, & ayant bien mêlé le tout avec le pilon ramassé-le avec du cotton & le mettez dans vôtre boîte ou gland.

Autre maniere.

FAites chaufer le petit mortier & faite fondre à sa chaleur quatre grains d'Ambre, dilayé-le avec un filet d'essence d'Ambre, ajoûtés-y deux grians de Civette, & l'ayant mêlé ramaſſé-le tout avec du cotton & le mettez dans vôtre boîte ou gland.

Autre maniere.

FAite chaufer le petit mortier & faites fondre à ſa chaleur ſix grains d'Ambre , & le dilayés avec quatre goute d'eau de Mille-fleurs , ajoûtés-y quatre grains de Muſc , & les ayant broyez enſemble ramaſſés-le tout avec du cotton , que vous aurez frotté au-paravant avec un grain de Civette , & le mettés dans vôtre boîte ou gland.

Autre maniere.

BRoyés dans le mortier quatre grains de Muſc , & deux grains de Civette enſemble , ajoûtez-y quatre goutes de Baume du Perou , & ramaſ-ſé-le tout avec un peu de cotton , & le mettez dans vôtre boîte ou gland.

Autre maniere.

FAités chaufer le petit mortier , & faite fondre à ſa chaleur douze grains d'Ambre , ajoûtés-y ſix grains de Civette , & quelques larmes d'eau de Mille-fleurs , enſuite prenés un peu
de

de cotton & l'arosés légerement de quelque goute d'essence de Gerofle & de Canelle , & ramassés vôtre composition avec ce cotton. Enfermés le tout dans une petite vessie de Musc, & l'envelopés ensuite avec un morceau de peau de senteur , & la cousés tout au tour : & si vous voulés couvrir le tout de quelque étoffe propre vous le pouvés.

Autre maniere.

DAns les boîtes qui ont plusieurs étages on met differentes odeurs le plus souvent sans mélange , par exemple , dans l'une on y met du Baume du Perou , dans un autre de la Civette avec du cotton , dans un autre de l'essence de Gerofle ou de Canelle avec du cotton , ainsi d'autres parfums suivant qu'on les aime.

§. I I. *Maniere de parfumer par la fumée.*

IL faut avoir un coffre de bois que l'on nomme parfumoir , il est fait comme un autre coffre à la reserve qu'il y a en bas une ouverture par la

H.

quelle on paſſe une ou deux petites terraſſes de feu pour brûler les compoſitions avec leſquelles on veut parfumer, & lors que la compoſition ſe brûle on ferme le coffre & ladite ouverture. Et à l'entrée du coffre environ demi pied avant, il y a une grille de bois ou de fil de cuivre pour ſuporter ce que l'on veut parfumer. On doit avoir ſoin de remüer & changer de côté ce que l'on parfume, afin que l'odeur ſoit égalle par tout & la fumée des parfums ne gâte ny ne noircit pas ce que l'on y met. Cette inſtruction ſervira pour tout ce que l'on voudra parfumer par la fumée.

Cotton parfumé.

MEttez vôtre Cotton ſur la grille étendu également, & mettez brûler dans une terraſſe celles des Paſtilles que vous voudrez & fermez le parfumoir : & il prendra l'odeur.

Autre maniere.

ALlumez cinq ou six oizelets au fonds du Parfumoir & les posez sur des carreaux afin qu'ils ne brûlent pas le bois, & fermés le parfumoir.

Autre maniere.

MEttéz dans une cassolette ou dans une écuelle d'argent de l'eau de Mille-fleurs sur une terrasse de feu, & lors que l'eau bouillira elle s'en ira en fumée & parfumera le cotton, ou brûlé de la même maniere de l'eau de fleurs d'Orange dans laquelle vous aurés versé un filet d'essence d'Ambre, & l'odeur en sera fort douce.

Pour parfumer une Chambre par la fumée.

LEs fenestres étant fermées allumez des oizelets & les posez aux coins de la Chambre proche les Tapisseries, ou faites chaufer la pelle du feu, & versés dessus de l'eau d'Ange, ou de

Mille-fleurs, ou de fleurs d'Orange,
avec un filet d'essence d'Ambre, & les
fumées donneront bonne odeur.

Autre maniere.

MEttez dans des cassolettes ou des
écuelles d'argent les eaux de
senteurs que vous voudrez & les posez sur des rechauts de feu, & lors que
les eaux bouilliront la fumée qui en
sortira donnera bonne odeur. On peut
brû'er aussi toutes sortes de Pastilles
dans la cendre chaude.

TRAITE'

DES PEAUX ET GANDS Parfumez.

Manière de purger les Peaux d'Eventails & les parfumer aux fleurs.

IL faut couper les Peaux de Cannepin un peu plus grandes que l'on ne veut qu'elles demeurent, à cause qu'il les faut piquer au tour des moûles comme vous verrez cy-aprés, ensuite vous les laverez dans de l'eau commune tant de fois que l'eau demeure nette, puis vous les laisserez tremper jusqu'au lendemain, vous les exprimerez & les étendrez sur des cordes, & étant seiches vous les laverez dans de l'eau de fleurs d'Orange & les y laisserez tremper jusqu'au lendemain que vous les tirerez de l'eau.

H. 3

fans les trop exprimer & les étendrez
derechef fur des cordes, vous aurez
foin de les détirer à mefure qu'elles
feicheront, parce qu'il faut qu'elles fe
trouvent feiches & détirées en même
temps, car autrement on feroit en
danger de les déchirer ou de les gâter :
enfuite il faudra les colorer des couleurs que vous voudrez par les deux
côtez avec une éponge, puis les éten-
dres fur les moûles & les mettre feicher à l'air.

Les moûles à Evantails font des
planchettes de l'épaiffeur de deux écus,
taillée en évantails, qui ont des pointes d'éguilles tout au tour, par le
moyen defquels on étend l'évantail :
il faut prendre garde que le côté de la
chair foit toûjours en dehors.

Lors que vos Peaux d'Evantails feront feiches vous les chargerez de
compofition, telle que vous voudrez
la choifir dans celles à charger gands
ou Peaux, du côté de la chair feulement, pendant qu'elles font étenduës
fur les moûles, & étant feiches pour
lors vous les releverez pour leur donner les fleurs.

· Lors que vous aurez deſſein de parfumer ces peaux aux fleurs , il faudra
choiſir les compoſitions dans leſquelles
il y a le plus de Civette pour les charger. Si-non vous vous ſervirez des autres.

Vos Evantails étant preparé comme deſſus , vous vous ſervirez d'une
caiſſe dans laquelle vous mettrez un lit
de fleurs , & un lit de Peaux , continuant ainſi juſqu'à ce que toutes vos
peaux ſoient en fleurs ; ſi vous avez les
fleurs en abondance vous les renouvel-
lerez au bout de douze heures , ſi-non
le lendemain à pareille heure , & leurs
ayant donné les fleurs cinq ou ſix fois
elles ſeront faites. Il faut ſe ſervir de
fleurs d'Oranges , ſe ſont les meilleures à cet uſage.

Maniere de purger & parfumer toutes
ſortes de grandes Peaux.

VOus choiſirez des Peaux telles
que vous voudrés , ſoit de Cha-
mois , ou de Mouton , Agneaux , Che-
vreaux , ou de Chiens, qui n'ayent pas
été apreſtée avec des jaunes d'œufs

car d'ordinaire les peaux sont apprê-
tées ainsi pour les rendres moileuses,
& cela est contraire au parfum ; il faut
aussi qu'elles soient parées.

Il faudra tout ainsi qu'aux peaux
d'Evantails , les laver dans de l'eau
commune tant de fois que l'eau demeure nette , puis les laisser tremper
un jour , & les ayant retiré de l'eau les
bien exprimer & les mettre seicher sur
des cordes , ensuite les bien frotter &
amolir , & les mettre en aprés tremper dans de l'eau de fleurs d'Orange
pendant vingt quatre heures , puis les
retirer de l'eau sans les trop exprimer
& les mettre seicher , & pour lors
étant seiches vous les frotterez & les
ouvrirez bien, puis vous les mettrés en
couleur de celle qu'il vous plaira choisir à la fin de ce Traité , & étant colo-
rées vous les chargerés de telle composition que vous voudrés choisir avant
que de leur donner les fleurs , ou bien
vous vous contenterés de les parfumer
aux fleurs seulement , de la maniere
qui suit.

Vos Peaux étant preparées comme
je viens de dire , vous prendrés une
caille:

caiffe grande à proportion de ce que
vous aurés de Peaux , & vous ferés un
lit de fleurs , & un lit de Peaux , continuant de même jufqu'à ce que vous
ayez tout employé. Vous laifferés vos
Peaux dans les fleurs pendant vingt
quatre heures , puis vous les retirerez
d'avec les fleurs & les étendrés fur des
cordes environ une heure, pour deffei-
cher l'humidité que les fleurs leur
pourra avoir donné , enfuite vous les
frotterés & les ouvrirés bien & les remettrés en fleurs comme la premiere
fois , vous ferez ainfi pendant cinq ou
fix jours , & feront faites.

Maniere de preparer & parfumer les Gands.

LOrs que les Peaux font lavées &
purgées, comme il eft enfeigné
cy-devant , il faut faire tailler & coudre les Gands , & étant fait les colorer
de la couleur que l'on veut ainfi que
vous trouverés à la fin de ce Traité ,
enfuite fi l'on veut les charger de quelque legere compofition ; il faut le faire
avant que de leur donner les fleurs de

I

la maniere que vous trouverés dans les
Articles suivants, & ayant été ainsi
preparés, vous les mettrés en fleurs
dans une caisse vous servant à cet effet
des fleurs que vous voudrés, faisant un
lit de Gands & un lit de fleurs, vous
continuerés ainsi jusqu'à ce que vous
ayez tout employé, & les ayant ainsi
laissé dans les fleurs du matin au soir
ou tout au plus vingt quatre heures,
vous les retirerés des fleurs, & les
mettrés à l'air sur des cordes pendant
une heure pour desseicher l'humidité
des fleurs, puis vous les frotterés &
ouvrirés bien & les retournerés & les
remettrés en fleurs fraîches par l'envers, vous continuerés ainsi à leur
donner les fleurs par l'endroit & par
l'envers pendant quatre ou cinq jours,
puis vous les frotterés & redresserés,
& seront faits. Il faudra donner aussi
les fleurs une fois ou deux au papier
dans lequel vous les plierés, afin
qu'il n'en diminuë pas l'odeur.

A l'égard des Gands ou Peaux que
vous chargerés de quelque composition de conséquence comme vous en
trouverés dans la suite, qui sont faites

d'Ambre, de Musc, & de Civette,
cela est suffisant pour donner une tres-
bonne odeur sans y employer de
fleurs.

Composition pour charger les Gands ou
Peaux avant que de les mettre
en fleurs.

VOus broyerés sur le marbre avec
une petite molette un gros de
Civette avec un filet d'essence de fleurs
d'Orange ou autre fleurs, faite d'huile
de Ben, & les ayant bien mêlés ensemble vous y ajoûterés un peu d'eau de
Mille-fleurs, ensuite vous broyerés
à part gros comme une noizette de
gomme Adragant qui aura été détrempée avec de l'eau de fleurs d'Orange,
puis aprés vous broyerés vôtre Civette
& vôtre gomme ensemble y ajoûtant
peu à peu de l'eau de Mille-fleurs;
vous continuerés ainsi jusqu'à ce que
vous ayez bien incorporé le tout ensemble : pour lors vous mettrés vôtre
composition dans le mortier, & augmenterés l'eau en la remuant avec le
pilon jusqu'à la quantité d'un poisson,

qui eſt la moitié d'un demi ſeptier :
puis vous chargerés vos Gands ou
Peaux bien également de cette compoſition avec une éponge , & les mettrés ſeicher à l'air ſur des cordes , &
étant ſecs vous les frotterés & les ouvrirés & leur donnerés les fleurs comme je l'ay dit cy-devant.

Compoſition Muſquée.

VOus broyerez ſur le marbre deux
gros de Muſc avec un filet d'eſſence de fleurs comme cy-devant , &
étant bien broyé le rangerez ſur un
coin du marbre : enſuite vous broyerez un demi gros de Civette avec un
filet de la même eſſence , & la mettrez
auſſi à part : puis vous broyerez gros
comme une noix de gomme Adragant
qui aura été détrempée avec de l'eau
de Mille-fleurs , y ajoûtant un filet
d'eſſence d'Ambre , vous broyerez enſuite le tout enſemble y ajoûtant peu
à peu de l'eau de Mille-fleurs , & lors
que la compoſition ſera bien incorporée avec l'eau , vous la mettrez dans
le mortier , & augmenterez l'eau en

remuant avec le pilon jusqu'à la consistance d'un demi septier, & en chargerez vos Gands ou Peaux & les mettrés seicher.

Autre maniere.

VOus broyerés sur le marbre demi
gros de Civette avec un filet
d'essence de fleurs comme cy-dessus,
& étant broyée la rangerés sur un coin
du marbre, ensuite vous broyerés un
gros de Musc avec un filet de la même
essence, & la rangerés aussi à part,
puis vous broyerés gros comme une
petite noix de gomme Adragant qui
aura été détrempée avec de l'eau de
Mille-fleurs, en aprés vous rassemble-
rés vos trois drogues & les broyerés
ensemble, y ajoûtant peu à peu de
l'eau de Mille-fleurs, & lors que la
composition aura été broyée pour
pouvoir facilement s'incorporer avec
l'eau, vous la mettrés dans le mortier y augmentant l'eau jusqu'à la quantité d'un demi septier : ensuite vous
chargerés vos Gands ou Peaux avec
une éponge & les mettrés seicher, &

I 3

étant secs vous les frotterés, & les
ouvrirés, & redresserés, & seront
faits.

Composition à l'Ambrette.

VOus broyerés sur le marbre demi
gros de Civette avec un filet d'essence de fleurs d'Orange ou autre, &
étant broyé la rangerés sur un coin du
marbre : ensuite vous broyerés gros
comme une petite noix de gomme
Adragant qui aura été détrempée avec
de l'eau de fleurs d'Orange, puis après
vous broyerés le tout ensemble afin de
les mêler : puis vous ferés chaufer le
petit mortier & vous delayerés par sa
chaleur un gros d'Ambre, y ajoûtant
un petit filet d'eau de fleurs d'Orange
que vous augmenterés peu à peu jusqu'à la quantité d'un poisson, puis
vous broyerés de nouveau vôtre Civette avec un peu d'eau de fleurs d'O-
range, & étant bien incorporée avec
l'eau vous mêlerés le tout ensemble
dans le mortier & augmenterés l'eau
jusqu'à ce que vôtre composition fasse
en tout la quantité d'un demi septier,

vous en chargerez vos Gands ou
Peaux avec une éponge & vous les
mettrez seicher à l'air.

Composition de Rome.

VOus broyerez sur le marbre un
gros d'Ambre avec un filet d'essence de fleurs, si-bien qu'il ny reste
point de grumelots, puis vous le rangerez à un coin du marbre : vous broyerez de même un demi gros de Musc
& le mettrez encore à part : vous
broyerez aussi dix-huit grains de Civette & la mettrez aussi à part : vous
broyerez de plus, gros comme une
petite noix de gomme Adragant, qui
aura été détrempée avec de l'eau de
fleurs d'Orange, dans laquelle vous
aurez versé un filet d'essence d'Ambre,
en après vous rassemblerez toutes vos
drogues & les broyerez toutes ensemble, y ajoûtant peu à peu de l'eau de
fleurs d'Orange, & lors que l'eau se
pourra bien incorporer avec la composition, vous la mettrez dans le mortier y ajoûtant de la même eau jusqu'à
la consistance d'un demi septier, &

I 4

vous en chargerez vos Gands ou Peaux
que vous mettrez en aprés seicher.

Autre maniere.

VOus broyerez sur le marbre un
demi gros de Musc avec un filet
d'eau de Mille-fleurs, & l'eau étant
bien mêlée vous le rangerez à part :
vous broyerés ensuite gros comme une
noizette de gomme Adragant , qui
aura été détrempée avec de l'eau de
fleurs d'Orange , vous broyerez en
aprés le Musc & la gomme ensemble,
y ajoûtant peu à peu de l'eau de fleurs
d'Orange , & l'eau étant bien incorporée vous ferez ce qui suit.

Vous ferez chaufer le petit mortier
& ferez fondre par sa chaleur un gros
d'Ambre , que vous delayerez avec un
filet d'essence d'Ambre , & étant bien
fondu & delayé vous y ajoûterez un
peu d'eau de Mille-fleurs : ensuite vous
mettrez vôtre Musc avec l'Ambre
dans le mortier , & vous les mêlerez
bien ensemble avec le pilon y ajoûtant
une cueillerée d'eau de gomme Arabic, & augmenterez cette composi-

tion avec de l'eau de fleurs d'Orange,
jusqu'à la quantité d'un demi septier,
& lors que vous en voudrez charger
vos Peaux & Gands, vous poserez vôtre mortier sur un rechaud de feu pour
la tenir tiéde, & en userez comme
à l'ordinaire.

Pointe d'Espagne.

VOus broyerez sur le marbre dix-
huit grains de Civette avec un
filet d'eau de Mille-fleurs, & la rangerez sur un coin du marbre, ensuite vous
broyerez gros comme une noizette de
gomme Adragant qui aura été détrempée avec de l'eau de Mille-fleurs, puis
vous broyerez la Civette & la gomme
ensemble jusqu'à ce qu'ils soient bien
incorporez, & y augmentant l'eau de
Mille-fleurs jusqu'à la quantité d'un
poisson : vous chargerez vos Peaux ou
Gands de cette composition & vous les
mettrez ensuite seicher, & étant sees
vous les frotterez & les ouvrirez bien,
puis vous ferez ce qui suit.

Vous broyerez sur le marbre un
gros de Musc avec un filet d'eau de

Mille-fleurs, & étant bien broyé &
l'eau bien incorporée vous le laisserez
à part : vous ferez chaufer le petit
mortier & ferez fondre à la chaleur
deux gros d'Ambre, y ajoûtant un
filet d'eau de Mille-fleurs pour le de-
layer, & étant fondu & mêlé avec cette
eau vous y ajoûterez le Musc que vous
aurez broyé, & vous mêlerez bien le
tout ensemble avec le pilon, y ajoûtant un filet d'essence de Gerofle &
vous augmenterez cette composition
avec de la même eau de Mille-fleurs,
jusqu'à la quantité d'un demi septier:y
mettant de plus deux cueillerées d'eau
de gomme Arabic, & pour employer
cette composition vous mettrez le
mortier dans lequel elle sera sur un
rechaud de feu afin de la tenir tiéde
pour en charger vos Gands ou Peaux.

Gands ou Peaux chargez d'Ambre.

VOus broyerez sur le marbre dix-
huit grains de Civette avec un
filet d'eau de fleurs d'Orange, & la
mettrez à part, puis vous broyerez
gros comme une noizette de gomme

Adragant qui aura été détrempée avec
de l'eau de fleurs d'Orange : enfuite
vous broyerez la Civette & la gomme
enfemble, y ajoûtant de l'eau peu à
peu jufqu'à la quantité d'un poiffon,
& vous en chargerez vos Peaux ou
Gands avec une éponge & les mettrez
feicher : & étant fecs vous les frotterez & les ouvrirez, puis vous ferez ce
qui fuit.

Vous ferez chaufer le petit mortier
bien chaud & vous ferez fondre à fa
chaleur deux gros d'Ambre, y ajoûtant un filet d'eau de fleurs d'Orange
dans laquelle vous aurez auparavant
mis un filet d'effence d'Ambre, & vôtre Ambre étant fondu vous augmenterez peu à peu vôtre compofition
avec de l'eau de fleurs d'Orange en la
remuant avec le pilon jufqu'à la quantité d'un poiffon, y mettant de plus
deux cueillerées d'eau de gomme Arabic : & le tout étant bien mêlé vous
mettrez vôtre mortier fur un rechaud
de feu pour employer vôtre compofition tiéde, de laquelle vous chargerez
vos Gands ou Peaux avec une éponge,
& les mettrez feicher.

Lors que vos Gands ou Peaux ont
été chargez de l'une des sufdites compofitions, il faut les mettre feicher fur
des cordes, & étant bien fecs il les
faut frotter, & enfuite les ouvrir avec
les bâtons, & les redreffer & les ferrer.
Mais à l'égard des gands de chien &
ceux de chevreau, que l'on nomme
ordinairement façon de chien, il eft
neceffaire de les humecter par le dedans, c'eft ce qu'on appelle lavez, il
faut aprés que la compofition eft feiche
& qu'ils ont étez frottez & ouverts les
retourner & frotter l'envers de la compofition fuivante.

Ocaigne pour les Gands.

VOus broyerez fur le marbre une
once d'effence de fleurs d'Orange
ou de Jaffemin avec deux gros d'effence d'Ambre & deux grains de Civette
jufqu'à ce qu'ils foient bien mêlez enfemble : & enfuite vous en frotterez
l'envers de vos gands avec une éponge
bien également : puis vous les mettrez
un peu feicher à l'air & les redrefferés,
& feront faits.

Vous remarquerez que le dernier Parfum que l'on donne & qui est le plus necessaire à toutes sortes de choses que l'on veut conserver, c'est celuy de seicher au feu toutes les feüilles de papier desquelles on se sert pour garnir ou pour plier : car quoy qu'elles paroissent seiches elles ont toûjours de l'humidité.

Maniere de mettre les Peaux & Gands en couleur.

VOus broyerez sur le marbre les couleurs que vous aurez choisi avec un peu d'huile de ben, autrement de l'essence de Jassemin ou de fleurs d'Orange, & les ayant bien broyé vous y ajoûterés de l'eau de fleurs d'Orange peu à peu en continuant à broyer pour les bien incorporer ensemble, ce qui étant fait vous rangerés vôtre couleur sur un coin du marbre, & vous broyerés autant de gomme Adragant qu'il y aura de couleur ; la gomme aura été détrempée avec de l'eau de fleurs d'Orange & l'ayant bien broyé vous assemblerés la gomme &

la couleur & vous les broyerés enfemble, puis vous y ajoûterés peu à peu de l'eàu de fleurs d'Orange. Vous mettrés enfuite le tout dans une terrine & vous augmenterés l'eau à vôtre difcretion , vous ferez enforte qu'elle ne foit pas trop épaiffe , puis vous en chargerés vos Gands ou Peaux avec des broffes & en aprés les mettrés feicher à l'air , & étant fecs vous les frotterés & les ouvrirés bien avec les bâtons. Vous broyerés enfuite de la gomme Adragant avec un petit morceau de la même couleur dont vous vous ferés fervy pour faire vôtre couleur de Gands. Il faut que cette gomme foit détrempée avec de l'eàu de fleurs d'Orange & qu'elle foit claire, puis vous frotterés vos Gands ou Peaux de cette gomme bien légerement & voùs les remettrés feicher, cela fait que la couleur ne fe détache pas des Gands , & étant fecs pour lors vous les frotterés & ouvrirés & les redrefferés , & feront fait.

Mélange des Couleurs.

Isabelle vif.

Beaucoup de blanc, la moitié d'autant de jaune, & les deux tiers de jaune de rouge.

Isabelle paste.

Beaucoup de blanc, moitié d'autant de jaune, & la moitie d'autant de rouge.

Couleur de noizette.

Terre d'ombre brûlée, un peu de jaune, peu de blanc, & fort peu de rouge.

Noizette claire.

Terre d'ombre brûlée presque autant de jaune, un peu de blanc, & autant de rouge.

Noizette brunastre.

Terre d'ombre brûlée, un peu de pierre noire, un peu de jaune, un peu de rouge.

Couleur d'Ambre.

Beaucoup de jaune, un peu de blanc, peu de rouge.

Couleur d'or.

Beaucoup de jaune, un peu plus de rouge.

Couleur de chair.

Un peu de jaune, un peu de blanc, un peu plus de rouge que de jaune.

Couleur de paille.

Beaucoup de jaune, fort peu de blanc, fort peu de rouge, & beaucoup de gomme.

Couleur brun.

Terre d'ombre brûlée, beaucoup de pierre noire, un peu de noir, & un peu de rouge.

Brun clair.

Terre d'ombre brûlée, un peu de pierre noire, un peu de rouge.

Couleur de musc.

Terre d'ombre brûlée, bien peu de pierre noire, un peu de rouge, un peu de blanc.

Couleur de Franchipanne.

Peu de terre d'ombre, deux fois autant de rouge, & trois fois autant de jaune.

Franchipanne claire.

Peu de terre d'ombre, beaucoup de jaune,

jaune, peu de blanc , & presque autant
de rouge que de jaune.

Couleur d'olive.

Terre d'ombre sans brûler , peu de
jaune , le quart de rouge de jaune.

Couleur de blois.

Beaucoup de jaune, un peu de blanc,
peu de terre d'ombre , & la moitié
d'autant de rouge que de jaune.

K.

TRAITÉ

DU TABAC.

Maniere de mettre le Tabac en poudre.

SI le Tabac que vous avez eſt en corde il le faut décorder & le mettre ſeicher au Soleil ; & ſi il eſt en côte il le faut mettre ſeicher de même & étant ſec le piler au mortier. Il faut que la toile du ſas du quel vous vous ſervirez ſoit ſuffiſamment claire pour laiſſer paſſer le plus gros grain que vous vouliez faire : & afin de ne pas piler vôtre Tabac juſqu'à le reduire tout à fait fin, il faut à tout moment ſaſſer ce qui ſe pile, parce que ſi vous pilez trop longs-temps il arrivera que vous mettrez en pouſſiere ce qui eſt en grain, & le tout étant en poudre vous le purgerez de la maniere qui ſuit.

Maniere de purger le Tabac.

VOus vous servirez d'un baquet
ou autre vaisseau semblable qui
soit plus grand qu'il ne faut pour con-
tenir le Tabac que vous voulés purger,
& qu'il y ait sous ce vaisseau un bon-
don ou broche que l'on puisse tirer
pour faire évader l'eau, lors qu'il en
sera temps, vous garnirés le vaisseau
d'une Nappe ou Toille assez grande
pour aller jusqu'au fonds & deborder
tout au tour. Il faut aussi que la
Toille soit forte & bien serrée, afin
que le Tabac ne puisse passer au travers. Vous mettrez vôtre Tabac dans
le vaisseau avec beaucoup d'eau ensorte qu'il trempe bien : vous le remuerez bien dans l'eau, & le laisserés
tremper jusqu'au lendemain : puis vous
ferez sortir l'eau retenant le Tabac
avec la Toille &, l'exprimerez le plus
que vous pourrez, & remettrez de
l'eau & le laverez derechef & le laisserez encore tremper comme la premiere fois & enfin vous ferez ainsi deux
ou trois fois de suite. Ce qui étant fait

la derniere fois vous exprimerez vôtre
Tabac le plus que vous pourrez &
vous aurez des clayes d'ozier qui seront garnies de Toilles fortes & ferrées
fur lefquelles vous mettrez feicher
vôtre Tabac au Soleil, & vous aurez
foin de moment en moment de le remuer afin qu'il feiche par tout également ; & lors qu'il fera bien fec vous
le remettrez dans le vaiffeau ou baquet avec fuffifante quantité d'eau de
fenteur à vôtre choix, foit de l'eau de
Roze ou de fleurs d'Orange ou d'Ange, fo font les eaux qui font propres
au Tabac, vous le laifferez tremper
dans cette eau jufqu'au lendemain.
Enfuite vous le tirerez de l'eau l'expri-
mant doucement & le mettrez feicher
derechef fur vos clayes, ayant foin de
le remuër à mefure qu'il feiche & êtant
fec vous l'aroferez encore de la même
eau : enforte qu'il foit comme en pâte
& vous le laifferez derechef feicher,
& pour lors êtant fec il fera en état de
prendre l'odeur des fleurs.

　　La maniere cy-deffus de purger le
Tabac eft la meilleure, & le Tabac par
cette maniere eft en état de recevoir

toutes les odeurs que l'on luy veut
donner ; mais l'on ne peut se servir
de cette methode sans aporter au Tabac de la diminution , & pour les personnes qui voudront épargner l'eau de
senteur & empêcher qu'il ne diminuë
tant , il pourront se servir de la maniere qui suit.

Autre maniere de purger le Tabac.

VOus mettrez vôtre Tabac tremper dans l'eau seulement une fois
pendant vingt quatre heures , ensuite
de quoy vous ferez évader l'eau &
l'exprimerez le plus que vous pourrez
dans la Toille , ou avec les mains ; &
le mettrez seicher sur les clayes le remuant de moment en moment pendant
qu'il seiche , & étant bien sec vous
l'aroserez d'eau de senteur de laquelle
vous voudrez : ensorte qu'il soit comme en pâte , & vous le laisserez derechef seicher , & étant sec l'aserez une
seconde fois , & le ferez encore seicher : & pour lors il sera prêt de prendre l'odeur que vous voudrez , ou bien
si vous le voulez mettre en couleur

de jaune ou de rouge vous le ferez
avant que de le parfumer aux fleurs,
comme l'Article suivant l'enseigne.

Maniere de mettre le Tabac en couleur Jaune ou Rouge.

VOus prendrez de l'Ocre jaune ou
rouge, du quel vous voudrez, sup-
posé la grosseur d'un œuf vous y ajoûterez un peu de blanc de craye pour
moderer un peu la couleur : vous les
broyerez sur le marbre avec environ
demi once d'huile d'amande douce, &
les ayant parfaiteṁét bien broyées vous
y ajoûterez de l'eau & l'augmenterez
toûjours peu à peu, en continuant à
broyer jusqu'à ce que l'eau s'incorpore
bien avec la couleur : & pour lors vous
rangerez vôtre couleur sur un coin du
marbre. Ensuite vous broyerez deux
cueillerées de gomme Adragant détrempée, & étant bien broyée l'assemble-
rez avec vôtre couleur & les broyerez
ensemble tant qu'ils soyent bien mêlés,
y ajoûtant de l'eau peu à peu & à lors
vous mettrez le tout dans une Terrine,
& augmenterez l'eau en remuant bien

le tout, jufqu'à la quantité d'une pinte
ou environ. Ce qui étant fait vous
prendrez la quantité de Tabac purgé
que vous voudrez, & le mettrez dans
un vaiffeau ou terrine, & verferez
parmi vôtre Tabac de la fufditte couleur la mêlant bien avec les mains,
faifant comme une pâte non pas trop
liquide mais feulement bien imbibé.
Vous le laifferez dans fa couleur jufqu'au lendemain & enfuite le mettrez
feicher fur des toiles au Soleil, & vous
aurez foin de le remuër à mefure qu'il
feichera, & étant fec vous ferez une
gomme comme il fuit pour le gom-
mer.

Vous broyerez fur le marbre de la
gomme Adragant détrempée avec de
l'eau de fenteur, & étant bien broyée
vous y ajoûterez peu à peu de l'eau en
continuant à broyer en forte qu'elle
foit fort claire : & pour vôtre commodité la mettrez dans une terrine,
afin d'y pouvoir ajoûter de l'eau fuffi-
famment. Vous mouillerez enfuite le
dedans de vos mains avec cette gomme
& en frotterez vôtre Tabac & vous
ferez ainfi jufqu'à ce que tout vôtre

Tabac ait été gommé, & pour lors
vous le laisserez seicher, le remuant
de moment en moment. Et étant sec
vous sasserez tout vôtre Tabac avec
le sas tout le plus fin que vous ayez,
afin d'en séparer la couleur qui n'y sera
pas attachée : ce qui étant fait il sera
en état d'être parfumé aux fleurs ou à
l'odeur que vous voudrez choisir.

Maniere de parfumer le Tabac aux fleurs.

IL est bon de sçavoir que les fleurs
qui font le plus de service pour le
Tabac, sont les fleurs d'Oranges, le
Jassemin, les Rozes communes, les
Rozes muscades & les Tubereuses, &
fort difficilement les autres fleurs com-
muniquent-elles leur odeur bien naturellement, à moins que de les repeter
bien des fois : & ensuite les aider en
parfumant le Tabac de l'essence des
mêmes fleurs comme vous verrez dans
les Articles de parfumer le Tabac : mais
l'odeur ne dure jamais longs-temps
comme des sortes cy-dessus nommées.
Voicy de quelle maniere on les employe.

Vous

Vous aurez une grande caisse selon vôtre besoin que vous garnirez de papier bien sec & dans laquelle vous mettrez un lit de Tabac épais d'un pouce, puis un lit de fleurs & continuerez ainsi jusqu'à ce que vous ayez tout employé, & laisserez de cette maniere vôtre Tabac parmi les fleurs pendant vingt quatre heures : si vous avez les fleurs en abondance vous les changerés au bout de douze heures. Ensuite vous sasserés vôtre Tabac pour retirer les fleurs & les renouvelterés en même temps, & ferés ainsi pendant quatre ou cinq jours & lors que vous sentirés que vôtre Tabac aura bien pris l'odeur des fleurs, vous l'enfermerés dans vos boîtes dans un lieu sec pour le conserver. Il n'est point necessaire de toucher au Tabac pendant que les fleurs sont dedans parce qu'il ne s'échaufe pas.

Autre maniere de parfumer le Tabac aux fleurs.

VOus aurés une quantité selon le besoin de feüilles de papier de la

L

grandeur ou à peu prés de la caiſſe
dont vous vous ſervirez ; les dittes
feüilles ſeront toutes ſeichées au feu,
& enſuite piquées par tout d'une groſſe
épingle : & pour mettre vôtre Tabac
en fleurs, vous mettrés dans vôtre
caiſſe un lit de Tabac épais d'un doigt,
puis vous mettrés ſur le Tabac une
feüille de papier, & ſur le papier un
lit de fleurs & ſur les fleurs une autre
feüille de papier ; vous mettrés de re-
chef ſur le papier un lit de Tabac &
continuerés ainſi juſqu'à ce que vous
ayez tout employé. De cette maniere
les fleurs ſont entre deux papiers & le
Tabac de même, ſans que le Tabac
touche aux fleurs, & par cette maniere le Tabac prend l'odeur des fleurs
bien naturellement, parce que l'odeur
des fleurs n'eſt point corrompuë par le
Tabac. Vous aurez ſoin de changer
les fleurs ſelon l'abondance que vous
en aurez, ſoit au bout de douze heures ou de vingt quatre : & lors que
vous voudrés les retirer, il ne faudra
que retirer vos feüilles de papier &
ſaſſer vôtre Tabac avec un ſas, dont
la toille de crin ſoit aſſez claire pour

laiffer paffer vôtre Tabac , & retenir vos fleurs , vous donnerés ainfi les fleurs pendant quatre ou cinq jours , & fera fait.

Boutons de Rozes pour le Tabac.

VOus prendrez une quantité de boutons de Rozes telle que vous voudrés, defquels vous arracherés le bouton vert & mettrez à la place de chacun un clou de Gerofle:enfuite vous les mettrés dans une bouteille de verre & la boucherés bien & la mettrés au Soleil pendant trois femaines ou un mois , & vous vous fervirés de fes boutons pour mettre dans vôtre Tabac : aprés qu'il fera purgé cela donne une odeur fort agreable.

Tabac de Mille-fleurs.

IL ne s'agit que de mêler enfemble du Tabac de plufieurs odeurs de fleurs, & de faire enforte par le plus de l'un ou le moins de l'autre que l'on ne puiffe connoître qu'elle eft l'odeur qui domine, & fera fait.

Maniere de faire le Tabac de differentes grosseur de grain.

IL faut avoir des sas differens, les uns de toille serrée, & d'autres plus claire, ainsi selon la grosseur de vos toilles vous tirerés le grain en le sassant, l'on ne separe le Tabac de cette sorte que lors qu'il a été parfumé aux fleurs.

Tabac fin façon d'Espagne.

LE veritable Tabac d'Espagne est tout à fait fin & rougeâtre, il faut pour en faire de semblable prendre du Tabac rouge & grené, & le piler au mortier & le passer bien fin par le Tamis & comme il aura été purgé avant que d'avoir été mis en couleur ainsi que je l'ay marqué dans le commencement de ce Traité, il ne faudra pour lors que luy donner les fleurs comme je l'ay enseigné & le parfumer ensuite de l'odeur de pointe d'Espagne ou autre si vous voulez, & sera fait.

Pour faire du Tabac de bonne senteur il ne suffit pas de le parfumer aux fleurs, il faut encore luy donner d'autres parfums, il est bien vray que l'odeur des fleurs seroit suffisante & que celuy qui est seulement purgé pourroit être employé dans les compositions suivantes, je laisse cela à la volonté de ceux qui l'accommoderont à leur fantaisie, mais je diray seulement que l'experience m'a fait voir que l'odeur des fleurs accompagne fort bien les odeurs les plus délicates & les plus exquises, & que les odeurs en sont d'une autre qualité & durent bien plus longs temps.

Je ne fais point le détail de plusieurs petits parfums que l'on peut composer soy-même selon la fantaisie : Je donne seulement les memoires des plus excellens parfums, il est aisé à toutes personnes d'en composer de soy-même ayant la connoissance des odeurs qui y sont propres.

Maniere de parfumer le Tabac en poudre de plusieurs odeurs differentes.

Tabac de Cedra ou Berga-motte.

IL n'est pas necessaire de prendre du Tabac parfumé aux fleurs pour le mettre en odeur de Cedra ; il suffit qu'il soit purgé, parce que le Cedra est une odeur forte qui pénetre tout & par consequent il suffit d'en verser quelque goute dans une once & le bien mêler, & sera fait.

Tabac de Neroly.

L'Essence de Neroly est aussi une essence forte qui s'employe comme celle de Cedra, l'odeur en est forte & agreable, pourveu que l'on en mette gueres, car elle est encore plus pénetrante que celle de Cedra. Il faut particulierement observer que si l'on veut avoir du Tabac de cette odeur elle doit être pure & veritable : car pour peu qu'elle soit mêlée elle devient dans l'usage d'une odeur désagreable.

Tabac de Pongibon.

VOus prendrez une livre de Tabac jaune parfumé à la fleur d'Orange, & vous broyerez dans le petit mortier douze grains de Civette avec un petit morceau de Sucre, & l'ayant bien broyé vous y mêlerez un peu de Tabac, & continuerez à l'augmenter en continuant à le mêler avec le pilon tant que vous ayez empli vôtre mortier : vous le renverserez avec le reſtant de la livre & mêlerés bien le tout avec les mains, puis vous remettrés du même Tabac à moitié plein vôtre mortier ; & y verſerés une demi once d'eſſence de fleurs d'Orange que vous mêlerés bien avec le pilon : vous acheverés d'emplir vôtre mortier de Tabac, afin de mieux mêler l'eſſence vous renverſerés par après vôtre mortier ſur le reſtant. Vous mêlerés bien le tout enſemble avec les mains, & ſera fait. L'odeur en ſera fort agreable & durera longs-temps, & quoyque ce ſoit de l'eſſence graſſe cela ne fera point de tort au Tabac & ne paroîtra

point gras, pourveu que l'on augmen-
te pas la doze cy-deſſus marquée.

Si le Tabac eſt parfumé aux fleurs
de Jaſſemin il faudra prendre de l'eſſence de Jaſſemin, & ainſi des autres
fleurs. Toute ſorte de Tabac ſe peut
parfumer de la même maniere.

Tabac Muſqué.

VOus prendrés du Tabac de telle
odeur de fleurs que vous voudrés, (ſuppoſé une livre) vous mettrés dans un petit mortier vingt grains
de Muſc avec un petit morceau de Sucre & les broyerés bien enſemble, puis
vous y ajoûterés un peu de Tabac, &
l'augmenterés en continuant à mêler
avec le pilon juſqu'à ce que le mortier
ſoit plein : enſuite vous le renverſerés
ſur le reſtant, & mêlerés bien le tout
enſemble, & ſera fait.

Tabac à la pointe d'Eſpagne.

VOus prendrés une livre de Tabac
de telle odeur de fleurs que vous
voudrés, vous mettrés dans le petit

mortier vingt grains de Musc & un petit morceau de Sucre que vous broyerés bien ensemble : ensuite vous y ajoûterés un peu de Tabac & l'augmenterés en continuant à broyer. Vôtre mortier étant plein vous le renverserés à part & le couvrirés avec une partie du restant afin qu'il ne s'évante pas. Vous broyerés par aprés dans le mortier dix grains de Civette avec un petit morceau de Sucre, puis vous y ajoûterés un peu de Tabac & l'augmenterés en continuant à le mêler : vous le renverserés avec le précedent & mêlerés bien avec les mains le tout ensemble, & sera fait.

Tabac en odeur de Rome.

VOus prendrés une livre de Tabac de telle odeur de fleurs que vous voudrés, vous ferés chaufer le petit mortier & ferés fondre à sa chaleur vingt grains d'Ambre, vous y mêlerés un peu de Tabac & l'augmenterés peu à peu en continuant à le mêler avec le pilon, & vôtre mortier étant à moitié plein vous le renverserés à

part & le couvrirés avec une partie du
reſtant : enſuite vous broyerés dans le
mortier dix grains de Muſc avec un
petit morceau de Sucre , y ajoûtant du
Tabac & étant mêlé le renverſerés ſur
le précedent & le couvrirés encore.
Vous broyerés auſſi cinq grains de
Civette avec un peu de Sucre y ajoûtant du Tabac ; puis vous le renverſerés avec le précedent & mêlerés bien
le tout enſemble , & ſera fait.

Tabac en odeur de Malthe.

VOus prendrés une livre de Tabac
de fleurs d'Orange , puis vous
ferés chaufer le petit mortier , & vous
ferés fondre à ſa chaleur vingt grains
d'Ambre : enſuite vous y mêlerés un
peu de Tabac que vous augmenterés
en continuant à mêler avec le pilon ,
& vôtre mortier étant plein vous le
renverſerés à part & le couvrirés avec
une partie du reſtant : puis vous broyerés dans le mortier dix grains de
Civette avec un peu de Sucre y ajoûtant du Tabac que vous augmenterés
en continuant à mêler avec le pilon :

aprés quoy vous renverferés avec lo
précedent & mêlerés bien le tout enfemble , & fera fait.

Tabac Ambré.

VOus prendrés une livre de Tabac
de telle odeur de fleurs que vous
voudrés , puis vous ferés chaufer lo
petit mortier & ferés fondre à fa chaleur vingt quatre grains d'Ambre :
vous y ajoûterés enfuite du Tabac que
vous augmenterez peu à peu en continuant à broyer & mêler avec le pilon : vôtre mortier étant plein vous le
renverferés avec le reftant , & mêlerés
bien le tout enfemble avec les mains,
& fera fait.

Comme dans les Parfums chacun à fon goût & que plufieurs
aimeront le Tabac bien parfumé : il y
en a qui voudront une odeur douce &
cependant qui foit toûjours bonne ; ils
auront lieu de fe contenter avec les
compofition cy-devant marquées. Car
fi les odeurs leur femble trop fortes
ils n'auront qu'à augmenter le Tabac
aprés que l'odeur y fera donnée, &
elle fera douce puifqu'il ny va que du

plus ou du moins, d'autant que les compositions en font tres-bonnes, & fur toutes chofes il faut avoir foin de bien enfermer le Tabac lors qu'il eft parfumé afin que l'odeur ne s'évante pas.

F I N.

Faute furvenuë à l'Impreffion.

Page 11. ligne 9. mouffe de Chefne, il faut lire poudre de mouffe de Chef-ne.

TABLE DE CE QUI
est contenu en ce Traité
des Parfums.

TRAITE' DES POUDRES
pour les Cheveux.

TABLE.

TRAITE' DES SAVONETTES.

TRAITE' DES ESSENCES ET huiles parfumées aux fleurs.

TABLE.

TABLE.

Eau

TABLE.

§. I.

Maniere de faire les Paſtilles à brûler.

§. II.

M.

TABLE.

TRAITE' DES GROSSES
Poudres à la Maréchalle & de
toutes les manieres de s'en
servir.

TABLE.

TRAITE' DES PEAUX
& Gands parfumez.

M 2.

TABLE.

TRAITE' DU TABAC.

TABLE.

Fin de la Table.

CONSENTEMENT.

SUR la Requifition de SIMON BARBE Maître Parfumeur, à ce qu'il luy foit permis de faire Imprimer par tel Imprimeur qu'il voudra choifir le Manufcrit qu'il a compofé intitulé, *le Parfumeur François, qui enfeigne toutes les manieres de tirer les odeurs des Fleurs & à faire toutes fortes de Parfums.* Veu ledit manufcrit.

Je confens pour le Roy à la permiffion Requife ; A Lyon le 9. Fevrier 1693.

VAGINAY.

PERMISSION.

PErmis d'Imprimer ; A Lyon ce 10. Fevrier 1693.

DE SEVE.

www.ingramcontent.com/pod-product-compliance
Lightning Source LLC
Chambersburg PA
CBHW060519090426
42735CB00011B/2292